AUFERSTEHUNG

Manchmal stehen wir auf
Stehen wir zur Auferstehung auf
Mitten am Tage
Mit unserem lebendigen Haar
Mit unserer atmenden Haut.

Nur das Gewohnte ist um uns.
Keine Fata Morgana von Palmen
Mit weidenden Löwen
Und sanften Wölfen.

Die Weckuhren hören nicht auf zu ticken
Ihre Leuchtzeiger löschen nicht aus.

Und dennoch leicht
Und dennoch unverwundbar
Geordnet in geheimnisvolle Ordnung
Vorweggenommen in ein Haus aus Licht.

Marie Luise Kaschnitz

Heidemarie Langer

Vielleicht sogar Wunder

Heilungsgeschichten
im Bibliodrama

Kreuz Verlag

Quellennachweis:
S. 1 Gedicht von Marie Luise Kaschnitz aus:
»Dein Schweigen – meine Stimme«
© 1962 by Claassen Verlag GmbH,
Hamburg und Düsseldorf

Die Deutsche Bibliothek – CIP-Einheitsaufnahme

Langer, Heidemarie:
Vielleicht sogar Wunder : Heilungsgeschichten im Bibliodrama
/ Heidemarie Langer. – 1. Aufl. – Stuttgart : Kreuz-Verl., 1991
ISBN 3-7831-1103-X

© Dieter Breitsohl AG
Literarische Agentur Zürich 1991
Alle deutschsprachigen Rechte
beim Kreuz Verlag Stuttgart
1. Auflage Kreuz Verlag Stuttgart 1991
Umschlaggestaltung: Jürgen Reichert, Stuttgart
Umschlagbild: Marie Laurencin »Apollinaire et ses amis«, 1909
(Ausschnitt), MUSEE NATIONAL D'ART MODERNE,
Centre National d'Art et de Culture Georges Pompidou, Paris.
Fotos: ARTEPHOT, Paris
Satz: Typobauer, Ostfildern
Druck und Bindung: Clausen & Bosse, Leck
ISBN 3 7831 1103 X

Inhalt

Heilungsgeschichten im Bibliodrama

Vorwort

Menschen richten sich auf, kommen aus ihren Lähmungen hoch, werden gerade, eigenständig, stellen sich dem Leben. Geschichten zum Aufstehen und Stehen-Können habe ich unter den biblischen Heilungsgeschichten ausgewählt und beschreibe, wie ihnen Menschen mit ihrer heutigen persönlichen wie zeitgeschichtlichen Wirklichkeit begegnen. Sie entdecken sich in den menschheitlichen Grundthemen und erarbeiten sich den Teil der Geschichte, für den sie durch ihre jetzigen Lebensfragen offen sind.

Eine jeweils ganz eigene Dynamik entwickelt sich in dem Zusammenspiel zwischen Menschen und Geschichten; ein vielschichtiges Zusammenwirken, das ganz persönliche, ebenso wie politische und ökologische Themen einschließt, den inneren Weg der Menschen anspricht wie auch den der öffentlichen Auseinandersetzung.

Bibliodrama heißt diese dynamische Arbeit gleichzeitigen Geschehens wie Zusammenwirkens, die unseren wachen Verstand, Präsenz, offene Sinne braucht und die sich durch alle Lebensthemen hindurch einer Begegnung mit dem Göttlichen öffnet. Über weite Strecken verlangt diese Arbeit leise, nach innen gerichtete Spannung und Aufmerksamkeit, kennt intensive körperlich-geistige Übungen, um in die Grundhaltungen der Geschichten hineinzukommen. Die innere Arbeit ermöglicht die nach außen gehenden Kräfte; und nur aus dieser inneren Konzentration heraus sind die Spiele zu verstehen, die hier beschrieben sind.

Vor zehn Jahren, als ich noch in der Evangelischen Akademie Bad Boll war, fing ich an, die Bibliodrama-Arbeit zu entwickeln. Sie hat sich über die Jahre natürlich verändert und sich zu einem Weg verdichtet, der sich bis in die Methoden hinein in die Weisungen des Textes stellt und Räume für das jetzige Erleben öffnet.

Wir brauchen Heilungsgeschichten. Heilend sind die alten Geschichten der Bibel, wenn wir uns auf sie einlassen. Ihre Grundbewegungen und Themen ermöglichen uns, verlorengegangenes oder noch nicht bewußtes Wissen heraufzuholen. Sie lassen uns das Wissen unseres Körpers entdecken und verbinden es heilend mit dem Geist unserer Seele. Sie lehren uns, körperlich, seelisch und geistig bewußt in unseren Lebensthemen zu stehen. Sie fügen die lang getrennten Bewußtseinswege des Fühlens und Denkens im Herzen zusammen und zeigen uns die Kraft lebendiger Rhythmen. Sie formen uns in heilende Möglichkeiten hinein und ermutigen uns, unsere eigene Begabung ins Spiel zu bringen, zu teilen, mitzuteilen, zusammen zu wirken. Und sie öffnen uns in die Wahrnehmung des Göttlich-Geistigen, das mit uns in heilendes Zusammenspiel kommen will.

Wie wir uns einlassen, formen sie sich in uns zu lebendigen Kräften und Leitbildern, die wir für die Heilung der Geschichten unserer Zeit brauchen.

Heilungsgeschichten im Bibliodrama. Aufschreiben konnte ich sie erst, nachdem ich sie erzählt hatte. Erzählen konnte ich sie, als es einer wirklich wissen wollte. Das intensive Hören und Nachfragen setzte lebendige Erinnerungen frei, so daß die Menschen der Gruppen wie gegenwärtig im Raum waren. Das Erzählen selbst wurde zum Bibliodrama, und die Ermutigung entstand, die Geschichten auch aufzuschreiben. Dies ist mein Danke an Eike Christian Hirsch. Den Bibliodramen und eigenen Worten die Kraft zuzutrauen, daß sie auch im Lesen weiterwirken, diese Ermutigung verdanke ich Christa Leßmann-Fischer. Vor allem danke ich ihr für ihre Präsenz und Konzentration, für ihre Durchsicht der Texte.

Den vielen so unterschiedlichen Menschen der Biblio-drama-Gruppen danke ich für unser Erleben und Erkennen. Ich hoffe, daß meine Erzählungen das Einzigartige und Intime unserer direkten Arbeit behüten. Eigenständig und zart sind unsere Heilungsgeschichten.

Im Februar 1991

Die Heilung des Gelähmten

Aufstehen in gerichteter Kraft

Die Gruppe und ihr Text

Ich war zu einer Konferenz von Pastorinnen und Pastoren eingeladen. Die Einladung, mit ihnen auf einer ihrer Konferenzen zu arbeiten, hatte ich mit gemischten Gefühlen angenommen.

Oft zeigen diese Zusammenkünfte eingefahrene Strukturen, eingeschliffene Verhaltensmuster einer Gruppe und sind damit nicht geeignet, sich Neuem zu öffnen. Bibliodrama braucht aber, daß sich Menschen frei und willig auf sich, die anderen und den Text einlassen. Bibliodrama braucht viel Offenheit und Zutrauen.

Kann eine einberufene Dienst-Konferenz diesen Raum geben? Ich hatte viele Fragen.

Drei Tage Bibliodrama zur Geschichte der Heilung des Gelähmten. Diese Geschichte hatten sich einige von ihnen selbst ausgesucht. Ein karges Tagungshaus, kaltes Wetter, Regen, ein für die Gruppe von neunzehn Menschen viel zu großer Saal, ungemütlich; Stühle aus Stahlrohr.

Die Menschen unterhalten sich, begrüßen einander. Der Ton ist jovial, eher deftig, ungewöhnlich für Zusammentreffen von Pastoren; Sprachebenen und Sprachwirklichkeiten, die sonst in der Kirche nicht üblich sind. Man setzt sich zusammen, etliche kommen später.

Die Art, wie sie dasitzen, weist darauf hin, daß sie nicht unbedingt da sitzen wollen. Eine nicht zu definierende Spannnung ist im Raum. Dazu kommt der Umstand, daß es siebzehn Männer sind, zwei Frauen und daß ich als Frau dieses Treffen leiten soll.

Ich erzähle etwas von mir und bitte die Menschen, etwas von sich zu sagen. Sie berichten aus ihrer Arbeit, wobei schon bei den ersten Sätzen das Gesagte von anderen kommentiert wird. Es wird gelacht. Zwischenrufe, Grinsen und Bemerkungen nach dem Motto: »Man weiß schon, was der sagt.« Sie kennen sich anscheinend gut, zu gut.

Sie machen eine Arbeit, in der die Menschen immer wieder wechseln, so daß sie sie nicht wirklich begleiten können. Eine Arbeit voller Druck: ständig neue Menschen, neue Situationen und immer wieder das Telefon. Für diese Woche wünschen sie sich alle eine Pause, endlich Ruhe, um nicht gestört zu werden. Bibliodrama hat von ihnen bislang nur einer miterlebt.

Wir lesen die Geschichte:

»Und es begab sich an einem der Tage, daß er lehrte; und es saßen Pharisäer und Gesetzeslehrer da, die aus allen Ortschaften von Galiläa und Judäa und von Jerusalem gekommen waren.

Und die Kraft des Herrn in ihm war darauf gerichtet, zu heilen. Und siehe, da trugen Männer auf einem Bett einen Menschen, der gelähmt war, und suchten, ihn hineinzubringen und vor ihn hinzulegen. Und da sie wegen des Volkes keinen Weg fanden, wo sie ihn hineinbringen könnten, stiegen sie auf das Haus und ließen ihn samt dem Bett durch das Ziegeldach hinab in die Mitte vor Jesus hin. Und als er ihren Glauben sah, sprach er:

Mensch, deine Sünden sind dir vergeben!

Da fingen die Schriftgelehrten und die Pharisäer an, sich darüber Gedanken zu machen und sagten:

Wer ist dieser, der solche Lästerungen redet? Wer kann Sünden vergeben, außer Gott allein?

Als aber Jesus ihre Gedanken merkte, begann er und sprach zu ihnen:

Was macht ihr euch für Gedanken in euren Herzen?
Was ist leichter, zu sagen: Deine Sünden sind dir verge-
ben, oder zu sagen: Steh auf und geh umher?
Damit ihr aber wißt, daß der Sohn des Menschen Macht
hat, auf Erden Sünden zu vergeben – sprach er zu dem
Gelähmten:
Ich sage dir, steh auf, hebe dein Bett auf und geh in dein
Haus!
Und sofort stand er vor ihren Augen auf, hob das Bett
auf, worauf er gelegen hatte, ging hinweg in sein Haus und
pries Gott.
Und Staunen ergriff alle, und sie priesen Gott und wur-
den voll Furcht und sagten: Wir haben heute unglaubliche
Dinge gesehen« (Lk 5,17-26).

Eine Lehrkonferenz

Die Menschen kennen natürlich als Pastorinnen und Pastoren diese Geschichte sehr genau; häufig haben sie darüber gepredigt. Sie kennen auch die Parallelstellen. Sie
unterhalten sich sofort, ohne daß irgendeine Anregung von
mir nötig wäre; es ist ihr alltägliches Geschäft. Sie machen
Witze über die Lähmung, teilweise sind sie auch ernst und
meinen, daß sie vor allem diese Sündenvergebung interes-
siere. Und sie sind neugierig darauf, was die Leiterin mit
ihnen daraus machen wird.

Wir sehen uns die Gestalten und die Rollenverteilungen
in der Szene an und merken, daß Pharisäer und Schriftgelehrte aus allen Ortschaften zu einem Treffen zusammen-
gekommen waren und daß auch Jesus da war und lehrte. In
diese Konferenz hinein kommen andere und bringen den
gelähmten Menschen. Wir denken uns hinein in die An-
fangsszene, um sie als Fundament dieser Heilungsgeschichte zu verstehen.

Ich halte es für wichtig, daß wir uns erzählen, was wir

über Pharisäer und Schriftgelehrte wissen, bevor wir sie und die Szene spielen. Es gibt gegen meinen Vorschlag Proteste, aber ich setze mich durch. Ich finde dies Erarbeiten gerade bei den Rollen der Juden wichtig. Wenn man gleich spielt, läuft man im Bibliodrama Gefahr, zu schnell Freund- und Feindbilder aufzubauen. Es ist eigenartig, daß gerade das Bibliodrama die Versuchung zum Antijudaistischen fördern kann, wenn man nicht achtsam ist. Was wissen wir, wer diese Pharisäer sind? Wer waren die Schriftgelehrten damals? Eine Wertschätzung wird erarbeitet.

Die Teilnehmerinnen und Teilnehmer lassen sich darauf ein. Mit neuem Verständnis für die Gestalten gehen sie dann in die Szene hinein, werden selbst zu Pharisäern und Schriftgelehrten, wandern überall im Raum herum und kommen schließlich an einem Ort zu ihrer Konferenz zusammen.

Eine Lehrkonferenz, eine Gesprächskonferenz zwischen Pharisäern und Schriftgelehrten. Sie begrüßen sich, verneigen sich voreinander, setzen sich und unterhalten sich darüber, welches Lehrgespräch sie heute bewegen wird. Sie entscheiden sich dafür, daß die Vergebung der Sünden ein wesentliches Thema sein kann, auf das sie neu schauen wollen. Liebenswürdige, ehrwürdige Vorsätze.

Denn kaum sind drei, vier Minuten verstrichen, fangen sie an, sich zu streiten, so durcheinanderzureden, daß einer den anderen mit dem nächsten Vorschlag niedermacht. Kaum, daß man den nächsten zu Wort kommen läßt, ist ein anderer schon wieder da mit seiner gegenteiligen Lehrmeinung. Einer beschimpft den nächsten, weil man ja weiß, was er sagen würde, weil man ja schon längst kennt, was von dort kommt! Einer macht sich größer auf Kosten des anderen, indem er ihn klein macht. Niemand kann wirklich sprechen. Es ist ein großer Tumult.

Da steht eine Frau auf: »Ich halte das hier nicht aus, ich gehe raus. Ich mache auf dieser Konferenz nicht mit. Das ist wie jede Pfarrkonferenz hier bei uns! Nichts anderes.«

14

Stille.

Dann grummeln die anderen weiter und streiten sich genauso wie vorher. Da steht die andere Frau auf und sagt: »Habt ihr nicht gemerkt, daß hier eine von uns rausgegangen ist? Macht euch das überhaupt nichts aus?«

Ich unterbreche die Szene, bitte alle, aus ihren Rollen herauszugehen und wieder ganz sie selbst zu werden. Wir unterhalten uns darüber, was hier geschehen ist.

Scheitern

Alle stellen – matt lächelnd oder auch witzelnd – fest, daß dies nichts anderes gewesen ist als sonstige Pfarrkonferenzen, die sie kennen. Keinesfalls theologische Streitgespräche, sondern Imponiergehabe. Man möchte gerne etwas Wichtiges sagen, man möchte wer sein. Eigentlich möchte man auch wirklich gehört werden, hat aber auch Angst, daß man nicht gehört wird und daß der andere vielleicht sogar mehr zu sagen hat; deshalb lasse man den erst gar nicht zu Wort kommen. Außerdem mache es auch Spaß, sich zu kloppen. Eigentlich sei das doch auch eine Form der Kommunikation untereinander.

Die Frauen sagen, daß sie keine Lust haben, diese pubertären Rüpeleien mitzumachen, und daß sie das nun auch lang genug miterlebt hätten. Das sei nicht ihr Ort und nicht ihr Weg, sie seien enttäuscht. Aber auch die Männer sind sehr enttäuscht darüber, daß das Bibliodrama ihnen nichts Neues gebracht, sondern sie prompt in ihre alte Situation zurückgeworfen habe.

Im Grunde sind sie sich plötzlich einig, daß ich schuld sei, denn ich habe sie nicht dazu befähigt, sich in einen anderen Erfahrungsraum hineinzubewegen. Was bringt uns denn das Bibliodrama Neues?

Pause. Kaffee. Tee. Ballspiele.

Zur nächsten Runde kommt niemand pünktlich. Dann wollen einige unbedingt Organisatorisches ansagen. Andere verkünden, daß sie früher gehen müßten, also nicht bis zum Schluß bleiben werden. Wieder andere sagen, daß sie abends leider weggehen würden, weil zu Hause noch viel zu tun sei.

Ich schwitze. Wie soll ich weiterleiten? Auf welcher Ebene? Auf der gruppendynamischen, die sich jetzt gerade zeigt? Auf der der Geschichte? Eigentlich tut mir die Geschichte leid, daß nun sie dafür herhalten soll, daß die vielen alten Konflikte der Gruppe neu ausbrechen. Aber was tun? Man hatte gehofft, daß Text und Bibliodrama-Methode die Spannungen der Gruppe verdecken oder sie in andere Bahnen lenken würden. Aber die Geschichte legt offen, das Bibliodrama weckt auf, was schon da ist.

Ich entschließe mich, dem Text zu folgen; hoffe, daß uns die Geschichte auch für das Gruppengeschehen weiterbringt. »Laßt uns weitergehen in der Geschichte. Es heißt, daß Jesus an einem solchen Treffen teilnahm und daß er dort lehrte.«

Ich mache mit den Männern und den beiden Frauen keine Runde darüber, was wir von Jesus wissen. Das würde bei diesem Kreis auf zuviel Widerstand stoßen. Aber ich bitte sie, sich der Phantasie zu überlassen, welches Bild von Jesus, der im Raum der Pharisäer und Schriftgelehrten lehrt, ihnen entgegenkommt. Wie stellen sie sich diesen Jesus innerlich vor? Wie sieht er aus?

Als er in dieser Gruppe lehrte, stand er, saß er, ging er auf und ab? Alle sagen, daß er wohl stand.

Jesus im Innern

Ich bitte die Menschen, nun noch mehr in ihr Bild hineinzugehen, sich so hinzustellen, wie ihr Bild von Jesus innerlich vor ihnen steht; diese Vorstellung jetzt im wahrsten

Sinne des Wortes auch physisch von innen her wahrzunehmen.

Wie steht er da?

Wofür steht er ein?

Wofür steht er?

Was hat diese stehende Haltung zu tun mit seiner inneren Haltung?

Wie ist diese innere Haltung beschaffen, so daß daraus eine Lehre entsteht?

Ich bitte sie, die Augen zu schließen und dieser inneren Haltung mit ihrer äußeren Haltung Ausdruck zu geben: »Probieren Sie mal mit Ihrer Hand oder mit beiden Händen, eine Gebärde, eine Geste entstehen zu lassen, mit der Sie ausdrücken, wie die Lehre Jesu aussah. Wie sind seine Finger, seine Hände? Wohin weist er? Weist er zur Erde, zum Himmel, auf die Menschen?«

Mir stockt der Atem, weil ich nicht weiß, ob die Versammelten diese Anweisung tatsächlich annehmen können und ausführen wollen. Ich blinzele zwischen meinen Augenlidern und atme auf: Sie lassen sich tatsächlich auf die Anregung ein.

Während ich wieder ebenso wie die anderen mit geschlossenen Augen dastehe, sage ich: »Probieren Sie mal, diese Gebärde, die Sie gefunden haben, sprechen zu lassen. Was ist das für eine Lehraussage des Jesus? Und wenn Sie den Mut und die Lust dazu haben, sagen Sie diesen Lehrsatz hier in die Gruppe hinein.«

Ich bitte sie, es mit geschlossenen Augen zu versuchen, damit sie vor den anderen nicht ihr »Gesicht verlieren« oder wieder zu kichern und zu blödeln anfangen.

»Selig sind die Friedfertigen«, sagt einer. »Wo ich bin, da ist auch der Vater«, sagt ein anderer. »Bleibet in mir.« »Kommet alle. Ich bin bei euch.« »Selig seid ihr, wenn ihr nicht haßt. Gott ist Liebe.« Sie sagen ihre Lehrsätze.

Im Raum entsteht eine völlig andere Atmosphäre. Es ist die Stimmung des Einstehens für das Eigene. Kein Geschwätz, kein Darüberhinwegreden, keine Oberflächenrede, sondern eine aus ihrer eigenen Mitte und Tiefe kommende Lehrmeinung, die sie mit der Gestalt von Jesus verbinden.

Verschwiegen

Ich bitte sie, zur Gruppe zurückzukommen und zu probieren, diese Lehre Jesu den anderen zu sagen. Das aber wollen sie auf gar keinen Fall.

»Was«, so frage ich, »ist so wichtig daran, diesen Satz den anderen nicht zu sagen, sondern ihn für sich zu behalten?«

»Das haben Sie ja vorhin erlebt«, antwortet jemand, »was hier passiert. Stellen Sie sich vor, ich würde diesen Satz sagen: ›Ich bin bei euch.‹ Dann würden mich doch alle auslachen.«

»Nein«, sagt eine der Frauen, »dieser Gruppe zu sagen: ›Gott ist Liebe‹, die Kraft habe ich nicht.« Ein anderer: »Dieses auszusprechen: ›Selig, wenn ihr nicht haßt‹, ist unmöglich.«

Aber es ist eine kostbare Unsicherheit in die Gruppe gekommen, weil alle voneinander wissen: »Wenn ich etwas von dieser Kraft in die Gruppe gebe, wenn etwas von diesem Satz in die Gruppe, die Pfarrkonferenz oder Konferenz der Pharisäer und Schriftgelehrten hineinkommt, dann passiert was. Entweder werde ich ausgelacht und rausgeschmissen, oder es kommt etwas zur Wirkung!«

Alle sind erstaunt über die Tatsache, daß sie in dieser Konferenz mit diesen Menschen den Mut nicht aufbringen, ihren Jesus zu veröffentlichen.

»Wir sind eben nicht Jesus, es ist doch in Ordnung so«, sagt einer. Alle lachen wie befreit. »Wir müssen ja auch nicht Jesus sein. Es wäre ja auch Hybris, Jesus sein zu wollen. Der hat das gekonnt, aber wir nicht. Und hier schon gar nicht.«

Pause. Wir gehen nach draußen. Nach einer langen Zeit tröpfeln sie wieder nur allmählich herein, schleichen eher in den Raum und um die Stühle herum, bringen viel Skepsis mit: »Was kommt jetzt?«

Wir sitzen im Kreis. Ich frage, was von all dem, was bislang hier geschehen ist, ein Licht auf das Verstehen des Textes werfe. Es spricht niemand.

Sie scheinen einen großen Widerwillen zu haben, jetzt weiter von der Geschichte zu hören oder gar ihre eigenen Erkenntnisse zum Verstehen der Geschichte einzubringen. Der eine oder andere bemüht sich immer mal wieder, etwas zu sagen, aber es kommt überhaupt nichts in Gang.

Die Streitgespräche sind nicht mehr da, die Rüpeleien nicht mehr, das Sich-selbst-lächerlich-Machen nicht mehr, aber auch die Kraft ihres inneren Jesus, die sie gefunden hatten, wird nicht ausgesprochen. Sie sitzen da, stumm, nicht nur still.

In solchen Situationen möchte ich selber auch am liebsten nach Hause gehen, denn ich bleibe natürlich von der Atmosphäre der Gruppe nicht unberührt und merke, wie das Stummsein auch auf mich übergeht. Was in den Augenblicken solcher Niedergeschlagenheit wirklich hilft, ist, sich innerlich die Geschichte zu verdeutlichen.

Die Lähmung

Als Bibliodramaleiterin bin ich immer Mittlerin zwischen einzelnen, der Gruppe und der Geschichte. Manchmal ist die Geschichte im Vordergrund. Dann höre ich innerlich, während sie die Geschichte spielen, was das für sie und für die Gruppe persönlich bedeutet. Manchmal ist die Gruppe im Vordergrund. Wenn ich mir dann parallel dazu die Geschichte verdeutliche, kann ich etwas von der Atmosphäre, die in der Gruppe ist, auch im Text hören. Und hier?

Die Lähmung ist da! Ich sage zu den anderen: »Ich habe

den Eindruck, daß der Gelähmte hier im Raum ist. Das, was uns lähmt, ist hier.«

Nach einiger Zeit stimmen sie dem zu. Ich frage: »Können Sie den Mut aufbringen, ein wenig darüber zu sagen, was Sie hier lähmt? Oder wer Sie hier lähmt, wie Sie sich lähmen?«

Langes Schweigen.

Dann fängt einer an und beschimpft einen andern direkt. »Ich halte das nicht aus, wie du redest. Wenn du was sagst, werde ich so zornig. Es ist seit sieben Jahren immer dasselbe. Du änderst dich absolut nicht. Wenn du was sagst, geht bei mir sofort die Klappe dicht.« Der Angesprochene schweigt. Es spricht ein anderer zu dem, der eben geschimpft hat: »Ich will das nicht, daß du den so anmachst. Und will keine Konferenz, wo wir uns gruppendynamische Feedbacks geben. Wir sind hier zum Bibliodrama und nicht zur Selbsterfahrung. Wir sind hier mit einem biblischen Text und nicht, um uns zu sagen, was uns nicht paßt!«

Stille.

Da sagt einer: »Aber dann können wir einpacken. Denn wenn wir uns das nicht sagen, verändert sich nichts. In der Geschichte hat sich überhaupt erst etwas verändert, als welche den Lahmen aufgehoben und getragen und eben nicht liegengelassen haben.« »Ja«, sagt eine der Frauen, »bei uns ist alles unter dem Teppich. Wir gucken nicht drunter. Wir heben nichts auf. Wir gucken nichts an. Wir lassen das alles liegen, und immer mehr häuft sich an.«

Aber das ist es. Was in der Gruppe eine erste Wende bringen könnte, wäre das Zusammentragen. Das zusammen Tragen und das Zusammentragen des Gelähmten. Ich sage: »Wir können mal etwas probieren. Eben wurde erzählt, daß hier immer mehr und mehr unter den Teppich getan wird. Stellen Sie sich doch mal vor, daß hier in unserer Mitte ein großer Teppich liegt, unter den wir immer alles kehren. Laßt uns das doch mal imaginär tun.« Manche nicken.

Unterm Teppich

Wir stehen auf. Als hätten wir tatsächlich einen Teppich in der Mitte, nehmen wir ihn hoch, kehren unseren Mist darunter. Pantomimisch Teppich hochnehmen, drunterkehren, nochmals den Teppich hochnehmen, Zeugs drunterschieben. Indem immer mehr mitmachen, kommt Bewegung in die Gruppe. Es macht Spaß. Sie finden ihre Lustigkeit wieder. Sie sind wieder in der vertrauten Geste, haben Boden unter den Füßen. Es ist das richtige Bild, das zu ihnen paßt.

Nun wird es immer wüster. Sie schreien einander zu: »Hey, Teppich höher, da muß noch mehr drunter passen.« Oder: »Ich gehe mal an die Ecke da hinten, da ist nämlich noch gar nichts drunter.« Und: »Mensch, bei dir wölbt sich ja alles.«

Sie fangen auf ihre rempelnde Art an, sich gegenseitig zu erzählen, was sie alles unter den Teppich kehren oder welche Konflikte sie darunter wahrnehmen. Atmosphäre von Lust, Vergnügen, immer mehr wahrzunehmen, wie sie seit langem Dinge unter den Teppich kehren. Und indem sie es machen, tragen sie zusammen. Indem die Dinge benannt werden, kommen sie hoch. Es wirkt wie eine paradoxe Intervention. Indem sie es benennen, ist es heraus.

Irgendwann legen sie den Teppich wieder nieder. Alle fühlen sich sehr viel wohler und beschließen, in kleine Gruppen auseinanderzugehen, um mit denen zu reden, mit denen sie wirklich was auszutragen haben.

Wo schon lange nichts mehr geredet worden war, ergab sich am selben Abend die Gelegenheit, bei einer »vernünftigen Flasche Bier« und Wein das Unterdrückte wirklich mal zu sagen. Aber nicht in aller Öffentlichkeit, bitte! Da sind sie sich einig. Doch es ist Struktur entstanden.

Das Thema »Was uns lahmlegt« ist gelüftet worden wie der Teppich. Ich kann den Abend einigermaßen ruhig schlafen gehen.

Tumult

Am nächsten Tag wollen sie unbedingt spielen. Gut. Findet sich ein Jesus?

Nach längerer Zeit findet sich einer. Der sagt, er wisse aber nicht, ob er es schaffe. Es finden sich viele Pharisäer und Schriftgelehrte.

Ein Teilnehmer legt sich in eine Ecke:»Ich bin der Gelähmte.« Erst gibt es keine, die ihn tragen wollen. Alteingefahrene Strukturen einer Konferenz lassen sich nicht über Nacht ändern.

Schließlich gehen die Pharisäer und Schriftgelehrten auf ihre Konferenz. Sie richten sich wunderbar ein, haben Kissen, Bänkchen; sie fangen an zu reden, in altbewährter guter Konferenzmanier sich zu streiten. Sie haben viel Spaß zusammen, und Jesus ist da. Sie fangen an, Jesus zur Vergebung der Sünden zu befragen. Es gibt aber auch Volk; es gibt ziemlich viel Volk. Die sind einfach neugierig. Die stehen um das Haus herum, haben gehört, daß Jesus da ist, und wollen rein. Pharisäer und Schriftgelehrte fühlen sich von dem Volk gestört:»Jetzt haben wir endlich mal Ruhe, um Jesus was zu fragen, haben extra eine Konferenz einberufen, diesen Referenten hier eingeladen; und ihr kommt schon wieder und stört. Hört auf, bleibt draußen!«

»Nein, wir wollen rein. Wir haben auch ein Recht auf Jesus. Wir wollen das hören.«

Pharisäer und Volk fangen an, sich zu streiten. Es gibt ein dichtes Knäuel. Jesus wird immer mehr von Leuten bedrängt, die was von ihm wollen: vom Volk, von den Pharisäern und Schriftgelehrten. Er hat kaum noch Platz in der Runde, weil alle von allen Seiten immer mehr schieben; er kommt auch vor lauter Lärm nicht zum Reden.

Währenddessen setzen sich hinten im Raum einige Männer und die Frauen in Bewegung und tragen den Gelähmten. Sie kommen langsam zu dem Menschenknäuel, kommen nicht durch. Sie klopfen an, an verschiedene Rücken:

»Laßt uns hier rein!« »Hör doch auf, wir wollen auch reinkommen!«

Von drinnen: »Endlich mal Ruhe, daß Jesus reden kann. Der kommt überhaupt nicht zu Wort!«

Jesus steht ziemlich hilflos in der Mitte zwischen all den Leuten, die was von ihm wollen. Und von draußen pressen und drängen die Männer und Frauen, die den Gelähmten tragen. Sie kommen tatsächlich nicht rein.

Da steigt einer auf einen Stuhl und springt über die Leute zu Jesus in die Mitte hinein, stößt damit zwei um. Er stellt sich vor Jesus hin und sagt: »Wir brauchen dich.«

Stille. Absolute Stille.

Jesus steht da, atmet durch, sagt: »Ja.«

In diese Stille hinein bewegen die anderen Träger den Gelähmten über die Köpfe des Volkes, der Pharisäer und Schriftgelehrten hinweg und versuchen, eine Brücke zu bauen. Einige aus dem Volk heben die Hände, stützen mit. Andere von den Trägern balancieren sich irgendwie nach innen, so daß der Gelähmte tatsächlich vor Jesus hinuntergelassen wird. Der kniet sich zu dem Gelähmten, sagt nichts. Sagt der Gelähmte: »Das reicht schon.«

Sagt Jesus: »Du schaffst das!«

Sagt er: »Ja.« Er steht auf, dreht sich noch einmal um, guckt Jesus an und geht.

Die Kraft Gottes

»... Und die Kraft Gottes in ihm war darauf gerichtet zu heilen. Und siehe, da trugen Männer einen Menschen hinein. Und als er ihren Glauben sah, sprach er ...«

Im Auswertungsgespräch verdeutlicht sich der Gruppe die Kraft der zusammen Wirkenden, der sich Verbindenden.

»Ich hätte allein nichts machen können«, sagt der, der den Jesus gespielt hatte. »Ich war geschwächt von den vielen zerstreuenden, bedrängenden Menschen um mich herum; ich war wie ohnmächtig und eher verzweifelt. Meine Kraft war keinesfalls gerichtet. Aber als der eine zu mir hereinsprang und sagte: ›Wir brauchen dich‹ – da war ich ganz da und hatte denselben Satz in mir: ›Ich brauche euch!‹ Denn wie will ich die auf Heilung gerichtete Kraft geben, es sei denn, daß sie gewollt wird, gefordert wird. In dem Moment, wo er vor mir stand, da war ich mittendrin in diesem Wunsch nach Heilung; und ich spürte, daß es geschehen wird.«

Kein Zauberstab-Wunder von Jesus, sondern ein Zusammenspiel der Kräfte von entgegenkommenden, sich zusprechenden Willenskräften. Viele aus der Gruppe finden sich in diesem Jesus wieder, der vor lauter Anforderungen kraftlos ist.

Und den restlichen Tag über arbeiten wir nur noch an diesem Thema: »Was heißt gerichtete Kraft, und wie kommen wir in sie hinein?« Der Durchbruch der Geschichte ist auch in der Gruppe geschehen.

Sie hatten ihr ureigenes Arbeitsthema gespielt, nämlich in einem Beruf zu sein, wo sie immer gestört werden; wo ein Tumult den nächsten überlagert; wo ständig einer was vom anderen will und keiner mit der Situation zufrieden ist; wo nichts wirklich passiert, außer daß eine Störung die nächste ablöst; und alle fragen: Wo ist die Pause?

Diese Gruppe hat für sich entdeckt, daß nicht die Pause, sondern die Zielrichtung, die gerichtete Kraft hilft. Man kann nicht für jedes Problem zuständig sein; es geht nicht alles, das bringt Chaos. Wo aber ist das, wofür ich mich in diesem Chaos der eigenen Arbeit tatsächlich einsetzen will? Kommt die Kraft von denen, die wirklich Hilfe suchen? Wie können wir uns verbinden? Verbünden?

Die Geschichte hatte ihre eigenen Fragen berührt. Und sie bewegten sich.

Dieselbe Geschichte in einer anderen Gruppe

Aufstehen braucht Getragensein

In der Geschichte von der Heilung des Gelähmten steht und steckt natürlich noch viel mehr, als wir in der einen Gruppe erspielt und erfahren haben. Ich gehe nie davon aus, daß wir in einem Bibliodrama das Ganze einer Geschichte verstehen und erleben können.

Die jeweilige Gruppe spielt durch ihre Arbeits- und Lebensthemen hindurch den einen Teil einer Geschichte, der ihr entgegenkommt. Und er reicht aus, er ist ihr jetziger Zugang zum Text, die derzeitige Öffnung des Textes zur Gruppe hin. So, wie es der Gelähmte gesagt hatte: »Es reicht schon.«

Die Geschichte von der Heilung des Gelähmten habe ich in unterschiedlichsten Gruppen angeleitet. Ich wähle sie gern, weil das Thema der psychisch-seelischen Lähmung unsere Kultur betrifft und die Geschichte Menschen helfen kann, ihren Weg aus Lähmungen herauszufinden.

Das folgende Beispiel mit einer Gruppe von Studentinnen und Studenten zeigt, wie sehr die Geschichte eigene Lebenssituationen zutage bringt. Es zeigt auch, wie zerbrechlich und kostbar diese Arbeit ist, wenn sich Menschen wirklich mit Leib und Seele in das Verstehen des Textes eingeben und sich dabei selbst begegnen.

Die Studierenden fühlen sich zu dem Motiv des Tragens- und des Getragenwerdens hingezogen. Fast alle sagen am Anfang, daß es wunderbar sein muß, endlich mal getragen zu werden. »Der hat's gut gehabt. Ich muß immer alles selber machen, immer muß man selbst losgehen und anstehen und gucken, daß man in die Seminare kommt«, sagt eine Studentin. »In dieser Großstadt bringt einem keiner was. Der da aber hat Freunde gehabt, die ihn einfach genommen und getragen haben. Der mußte sich nur tragen lassen.« »Und Jesus hat sich auch noch mit den Freunden und Freundinnen unterhalten; der Gelähmte mußte noch nicht mal reden, der mußte sich nur einfach tragen lassen.« Aber da ist der kleine Unterschied zwischen dem, was man mit Worten weiß, und dem, was geschieht, wenn man die Worte tut und handelt.

Getragen sein

Ein Mensch, der gern einmal dieses Getragenwerden erleben möchte, legt sich hin. Alle, die mögen, kommen herbei, heben ihn auf, tragen ihn und legen ihn später wieder hin. Nicht dabei reden; nur erfahren. Die anderen schauen zu. Wenn noch jemand getragen werden will, kann er sich einfach hinlegen; andere werden kommen und ihn tragen.

Die Auswertung und Bearbeitung dieser kleinen, schweigenden Übung braucht zwei Tage. Die jungen Leute erleben, was sie nicht kennen oder nicht ausreichend kennen: wirklich getragen zu sein. Jubel, Erstaunen und Freude löst es aus, als sie plötzlich erleben, was es heißt, in Gemeinschaft zusammen zu tragen.

Entsetzen bei einer Frau, die zuschaut und plötzlich ihren toten Vater vor sich sieht, der getragen wurde. Nur noch die Bahre sieht sie. Assoziationen zu Säuglingen und Kindern, die getragen werden oder viel zuwenig getragen worden sind. Und Themen zum Totsein, zum Zu-Grabe-getragen-Werden.Fragen tauchen auf wie: Wer trägt mich? Wo sind meine Freunde und Freundinnen, die mich mit durchtragen durch bestimmte Situationen; Freunde, auf die ich mich verlassen kann, von denen ich weiß, daß sie mich nicht fallenlassen? Und auch das kommt auf: Wir selbst sind tragende Kräfte. Zusammen können wir etwas bewegen, was einer allein nicht schafft. Und wenn meine Hände mit anderen zusammenkommen, entstehen uns Kräfte. Wir sind wichtig.

Die Erde trägt

Bis dahin hätte ich nie für möglich gehalten, daß allein diese ganz elementare Grundbewegung von Tragen und Getragensein so viele seelisch-geistige Regungen und Themen auslösen würde. Lange vor der Frage, was die Krankheit des Gelähmten sein kann, wird deutlich: sich nicht getragen zu wissen, das ist die Lähmung! Keine Freunde und Freundinnen zu kennen, mit denen man etwas zusammen trägt, das schon ist Lähmung. Nicht zu wissen, wohin mit dem Gelähmten, das ist Lähmung.

Lange bevor wir die ganze Geschichte als Bibliodrama spielen, spielt sie schon zwischen uns. Und im Erarbeiten dieses Grundmotivs von Tragen und Getragensein erfahren manche bereits göttliche Kraft. Hier schon, mitten im Getragensein, und nicht erst, wie im Text, an der Stelle, wo der Gelähmte in der Mitte vor Jesus hingelegt wird.

Eine Studentin wird lange durch den Raum getragen, auf den Boden gelegt. Sie hält die Augen geschlossen, steht nicht auf. »Was ist mit dir?« Sie liegt da, sichtlich bewegt. Dann sagt sie: »Ich bin wirklich getragen worden.« Ich sage ihr: »Bleib noch, nimm das in dich auf, daß du ganz getragen bist; daß du getragen bist in der Erinnerung an die Freunde und hier von der Erde. Überlaß dich ihr als tragende Kraft, bis zu merkst, daß es so gut ist und du aufstehen kannst.«

Ich weiß, daß ich an dieser Stelle einen Teil der Gestalt Jesu in der Geschichte übernehme, indem ich zu ihr rede. Ich wage es, damit sie in die Erfahrung hineinkommt, daß Getragensein nicht ein einmaliges schönes Erlebnis hier im

Raum ist, sondern die elementare Erfahrung und Kraft, die wir brauchen, um aus ihr heraus aufstehen, überhaupt stehen zu können. Wie kann sie aufstehen, wenn sie nicht die Kraft in sich weiß, daß die Erde sie trägt und sie darauf bauen kann? Wie sonst einstehen, durchstehen, standhalten lernen?

Aufs Dach steigen

Das aggressive Gegenstück folgt, als es dann in der Geschichte heißt: »Wir steigen auf das Dach.« Da zeigt sich die kräftige, lustvolle, auch ein bißchen gewalttätige Seite dieser jungen Leute, die jemandem aufs Dach steigen wollen. Und was für Häuser sie bauen mit Stühlen, Bänken und Tischen! Auch Menschen müssen herhalten, um dieses Haus zu sein. Sie können gar nicht genug davon kriegen, die Dächer abzudecken. Immer höher hinaus und immer schwieriger, um zu erleben: Ich schaffe das; ich komme zwar nicht rein – wie normalerweise – aber ich steige euch aufs Dach! Wir schaffen das, wir kriegen das hin. Manche erleben dabei genau das als ihre Lähmung: diese aggressive Kraft noch nicht entwickelt zu haben.

Auf die jungen Leute wirkt auch das folgende Motiv der Geschichte sehr stark, daß sie den Gelähmten schließlich hinablassen können, in die Mitte vor Jesus hin. Daß also diejenigen, die angepackt und getragen haben, die sogar aufs Dach gestiegen sind, nun einem anderen die Sache überlassen, abgeben, überreichen können, daß sie ihre Mühe einer Kraft übergeben dürfen, die mehr ist als sie selbst.

Sie erfahren ihre eigene Grenze und merken, daß sie nicht die Heiler sind, sondern die Übermittler, die Hinbringer. Die Gewißheit, etwas einem anderen überlassen zu können, ist eine Form des Glücks, getragen zu sein.

Wir überlassen die Situation mit unserer gelähmten

28

Freundin nun der göttlichen Kraft. Wir legen unsere Sorge in die Mitte vor Jesus hin. Wieso in die Mitte? Was hat die Mitte des Hauses zu tun mit »Aufs Dach steigen«, mit »Hinablassen«, mit »Überlassen«?

Die Mitte

Dieses Thema »in die Mitte vor Jesus« und »was ist die Mitte des Hauses?« wird nun fast einen halben Tag lang Leitmotiv für die Gruppe. Was bedeutet es, daß Jesus in der Mitte steht? Was ist die Mitte eines Hauses? Da steht einer zwischen der Erde und dem offenen Dach.

Stehen bedeutet: zwischen Erde und Himmel aufgerichtet zu sein. Was ist die Mitte im Stehen? Was ist die Mitte unseres eigenen Hauses, des Hauses unseres Körpers, unserer Leibesmitte? Wo in der Mitte unseres Körperhauses erleben wir die Kraft Jesu? Wo ist der Ort der Mitte, zu dem ich das mich Lähmende bringen kann? Von welcher Mitte aus wird mir gesagt: Steh auf?

Die Menschen erfahren, daß ihre Mitte ihr Kreuz ist oder ihr Herzraum. Von hier aus stehen sie auf, kommen sie hoch, werden sie aufrecht. Sie erfahren, wie das Erleben der Geschichte auf der Innenebene, dem Erspüren in unserem Leib, Einsicht gibt zum Verstehen des ganzen Textes, der auch eine Geschichte im Außen ist. Und sie entdecken: »Steh auf, hebe dein Bett auf und geh in dein Haus« ist eine Aufforderung an ihr Innenleben, ihre je eigene Identität und gleichzeitig eine Anforderung an die Gestaltung ihres Lebens, eigenständige und selbständige Menschen zu werden. Was heißt es, »in mein Haus« zu gehen?

Nacharbeit

Die Erfahrungen eines Bibliodramas wirken in den einzelnen weiter, oft unbewußt und im stillen über Jahre. Damit es in den einzelnen weiterwirken kann, bitte ich die Menschen am Schluß eines Zusammentreffens, sich in der kommenden Zeit nicht besonders viel vorzunehmen, sich vor zu vielen neuen Impulsen zu schützen. Die Bilder und Gespräche, die angeregt und angerührt worden sind, wollen im Innern weiterarbeiten. Im Bibliodrama bringen wir Töne hervor und zum Klingen. Die aber wollen das Echo in uns initiieren; diesen Raum öffnen, wo die Seele wach wird und von sich aus weiter wirkt.

Immer wieder haben Menschen nach einem Bibliodrama intensive Träume, auch aufrührende Erlebnisse. Das Echo kann weiter sein als der Ton selbst.

Die Geschichten, die uns anrühren, sind nicht austauschbar. Sie wecken Themen in uns auf, die die Menschen schon vor zwei- und viertausend Jahren kannten. Sie bewegen Motive in uns, die so alt sind wie die Menschheit selbst. Sie wecken sie auf, machen sie uns bewußt, initiieren sie in uns so, daß wir sie nun von uns aus, eben bewußt, ergreifen können und uns in sie hineinstellen. Und damit zeigen sie ihre Kraft, die bis hinein in den Alltag wirksam werden will.

Neben den alten Motiven bringen die biblischen Geschichten elementare menschliche Erfahrungen mit sich wie die vom Tragen und Getragensein, von zusammen tragender Gemeinschaft; Urerfahrungen von Hingabe und der Erlaubnis, sich einer größeren Kraft zu überlassen.

Wenn die Menschen die Szene der Geschichte spielen, wo sie den Gelähmten in die Mitte vor Jesus hinlegen, treten sie damit in eine uralte Gebetsgebärde ein.

Wir haben gesehen, daß an sehr verschiedenen, oft überraschenden Stellen die Menschen plötzlich mit dem Göttlichen in wissende Begegnung kommen. Für manche ist dieses Erlebnis entsprechend erschütternd. Es kann Weinen oder jubelnde Freude auslösen. Es kann auch sehr still, kaum wahrnehmbar sein, was ausgelöst und angerührt wird. Und es kann für eine ganze Zeit stumm machen. Immer aber geht es im Bibliodrama darum, wach dafür zu sein, daß und ob diese Begegnung zwischen uns und dem Göttlichen geschieht, auf diese Begegnung zu warten, ihr Erlebnis zu hüten und achtsam zu begleiten. Und die Erfahrung ist, daß die göttlichen Kräfte darauf warten, Raum zu bekommen.

Wie in der Geschichte vom Gelähmten warten sie darauf, daß durch das Chaos der Fragen, Debatten und Zerstreuungen hindurch eine Verbindung entsteht zu denen, die die Kräfte Gottes in ihrer Tiefe ersehnen, sie brauchen und sich auf sie zu bewegen.

Am Teich Bethesda

Hochkommen braucht Wille,
zu sich stehen braucht Vergebung

Die Grundbewegung vom Daliegen und Auf-die-Füße-Kommen, vom Untensein und Hochkommen, durchzieht viele biblische Geschichten. Was heißt es, zu stehen und zu gehen, Mensch zu sein, erwachsen zu werden, selbständig, eigenständig und aufrecht zu werden, gehen zu können, die eigene Richtung zu finden und zu gehen?

Diese Urbewegungen und die Herausforderung, sie körperlich wie geistig zu vollziehen, also den Himmel und die Erde zu mitteln, bilden das Thema vieler Geschichten in den Evangelien bis hinein in die Geschichte der Auferstehung selbst.

Der erste Teil der Geschichte

Ich möchte eine weitere Geschichte erzählen, die diese Grundbewegung in sich birgt, daß ein Mensch, der lange lag, zum Stehen und Gehen kommt. Sie ist sehr anders als die Geschichte des Gelähmten, weil es keine Menschen gibt, die ihn tragen, keine Menschen, die ihn zu der heilenden Kraft hinbringen, die ihn in Stand setzt, hinstellt und sagt: »Komm, du.« Es ist vielmehr eine Geschichte, die das Gegenteil berichtet:

Viele Menschen liegen schon lange da, eine gemeinsam brach- und daliegende Menge. Eine Masse von Darniederliegenden.

»Danach war ein Fest der Juden, und Jesus zog hinauf nach Jerusalem.

In Jerusalem ist aber am Schaftor ein Teich, der auf hebräisch ›Bethesda‹ genannt wird, mit fünf Hallen.

In diesen lag eine Menge von Kranken, Blinden, Lahmen, an Abzehrung Leidenden, die auf die Bewegung des Wassers warteten.

Ein Engel stieg nämlich zu gewissen Zeiten in den Teich hinab und bewegte das Wasser. Wer nun nach der Bewegung des Wassers zuerst hineinstieg, der wurde gesund, mit welcher Krankheit er auch behaftet war.

Es war aber dort ein Mensch, der 38 Jahre an seiner Krankheit gelitten hatte.

Als Jesus diesen daliegen sah und erfuhr, daß er schon lange Zeit so zugebracht hatte, sagt er zu ihm: Willst du gesund werden?

Der Kranke antwortet ihm: Herr, ich habe keinen Menschen, der mich in den Teich bringt, wenn das Wasser bewegt wird; während ich aber komme, steigt ein anderer vor mir hinab.

Jesus sagt zu ihm: Steh auf, hebe dein Bett auf und geh umher! Und alsbald wurde der Mensch gesund, hob sein Bett auf und ging umher« (Joh 5,6-16).

Die Gruppe

Eine Gruppe von Frauen und Männern, die die Bibliodrama-Methode lernen möchten, arbeitet während des ersten Fortbildungsjahres an dieser Geschichte. Alle finden sie erschreckend. Sie regen sich auf, daß nichts passiert und Jesus nur diesen einen heilt. Der Rest bleibt krank liegen.

Die Geschichte von dem Engel, der das Wasser bewegt, finden sie hingegen schön. Doch auch hier die bittere Vorstellung, daß nur einer geheilt wird, auch bei dem Engel. Grausam, daß einer sich bemüht, in das heilende Wasser

34

hineinzukommen, und immer schon jemand anderer vor ihm da ist.

Die Frauen und Männer sind Lehrerinnen, Hausfrauen, Psychologinnen, eine Computer-Fachfrau, Unternehmensberaterin, Theologen, Psychologen. Alle haben sie sehr viel Gruppenerfahrung, haben an sich selbst gearbeitet in Selbsterfahrungsgruppen und Einzelberatungen. Sie verstehen die Grundbewegung, was es heißt, unten zu sein, nicht hochzukommen. Sie kennen sie aus ihrer Arbeit und aus dem persönlichen Leben; sie kennen auch die Situation: »Ich habe keinen Menschen.« Viele sind politisch aktiv und erzählen von ihrem Entsetzen, wie viele sie da liegen sehen, und es geschieht nichts. Wir haben fünf Tage Bibliodrama. Sie sind aufgeregt. Sie wollen diese Geschichte für sich entdecken.

Es ist natürlich wunderbar, mit dieser Gruppe zu arbeiten, da sie sehr viel Offenheit und Bereitschaft mitbringt.

Es gibt Geschichten, die in ihrer Symbolkraft überwältigend sind, wenn man ihnen nicht mit eigener Lebenserfahrung begegnen kann. Anders ist es mit diesen Menschen, die schon viel durchlebt haben und die sich aus der Begegnung mit dieser Geschichte eine andere Deutung ihres Lebenssinnes erhoffen. Eine neue Deutung scheinen sie schlichtweg zu erwarten, so daß ich denke, schon deshalb geschieht so viel. »Willst du?« Die Bejahung dieser Frage, die jede Heilungsgeschichte fordert, bringen sie mit.

Hinaufziehen

Die Gruppe beginnt mit dem ersten Satz. In den ersten Sätzen steht bereits eine Grundbewegung, die ein Licht auf die Bewegung der gesamten Geschichte wirft. Die Gruppe beginnt also mit dem Satz: »Es war ein Fest der Juden.« Was für Feste gibt es bei den Juden? Sie fangen an, sich zu erzählen, sich auszutauschen.

»Und Jesus zog hinauf nach Jerusalem.« Die Menschen stehen auf, machen sich im Raum auf den Weg und erspüren dabei die Bewegungen des Satzes: hinaufziehen, hinaufgehen nach Jerusalem.

Während sie in diese Bewegung leibhaftig hineingehen, wagen sie sich in ihre Phantasien, was es für Jesus bedeuten kann, nach Jerusalem hinaufzuziehen.

Manche aus der Gruppe erleben dabei einen Jesus, der sich auf das Fest freut, daß endlich was los sein wird, daß er Freunde wiedersehen wird, alte Bekannte, Verwandte. Andere erleben in ihrer Phantasie und Erfahrung einen Jesus, der zögert, wenn er an Jerusalem denkt und was ihn dorthin zieht: nicht das Fest, sondern das Heilige, auch die Zentrierung auf den, der er ist, und seine große Unsicherheit, was mit ihm in Zukunft und mit Jerusalem geschehen wird.

Während Jesus sich auf diesen Weg begibt und sich mit Jerusalem befaßt, sich fragt, was ihm diese Stadt, der Tempel und das Fest bedeuten, während er also voller Vorfreude, nachdenklich ist oder zögert, fühlt er sich zurückgeworfen, nein, hingeworfen auf die Fragen seiner eigenen Berufung, seiner Identität. Im Vorübergehen ist da nun ein Teich, ein Ort, fünf Hallen, Lahme, Blinde, Abgezehrte, Leidende.

Alle Männer und Frauen der Gruppe sind in ihre Jesus-Gestalt hineingegangen und ziehen hinauf nach Jerusalem. Und ich erzähle: »Während Jesus so hinaufzieht nach Jerusalem, sieht er diesen Teich mit den fünf Hallen und mit all denen, die da liegen.«

Die Menschen lassen ihre Jesus-Gestalt sprechen: »Das ist ja schrecklich. Die können überhaupt nicht mit zum Fest. Die sind verdammt, hier rumzuliegen.« »Ich ertrage das nicht. Das sind ja Massen! Massen an Menschen, die nicht ihr Menschsein leben. Ich ertrage diesen Anblick nicht!« »Diese Unmenge von Leid, und da oben ist das Fest. Wie soll ich feiern, wenn die rumliegen und leiden?« »Aber ich kann mich auch nicht allen zuwenden.« »Das zieht mich mit runter. Wenn ich mir das noch länger angucke, dann zieht es mich nicht mehr hinauf nach Jerusalem, sondern runter. Und dann liege ich da, dann kann ich mich gleich dazulegen.« »Meine Kraft reicht nicht. Ich würde eigentlich lieber vorbeigehen.« »Das kann doch nicht sein, daß ich hingestupst werde auf das, was noch nicht himmlisch ist auf der Erde!« »Nein, ich bleibe jetzt stehen.« »Es zieht mich hinauf nach Jerusalem, aber es zieht mich auch nach unten. Es zieht mich auch dahin, auf das zu gucken, was da unten liegenbleibt.«

Allen helfen?

Die Gruppe geht aus der Annäherung an die Gestalt Jesu heraus, alle werden wieder ihr eigener Name. Wir sitzen zusammen. Was haben wir eben erfahren für das Verstehen der Rolle Jesu? Wer ist das?

Und die Menschen erzählen sich, daß sie unmittelbar erfahren und gespürt haben, wie Jesus zwischen dem, was sein wird, und dem, was noch nicht ist, mittelt. Wie er in dem Spannungsbogen lebt zwischen den darniederliegenden Kranken, den Hinsiechenden und dem großen Jerusalem, der großen Vision, der großen Versprechung Gottes. Und wie es ihn vielleicht manchmal nicht nur zieht, sondern zerreißt in diesem Spannungs- und Überspannungsbogen zwischen dem, was noch nicht ist, und dem, was sein wird. Und daß hier seine Aufgabe ist, an der er auch stehenbleiben muß.

Eine sagt: »Vielleicht muß er das Jerusalem-Fest hierher ziehen.« Ein anderer: »Nein, er kann nur stehenbleiben, weil er die Kraft von Jerusalem kennt.« Einer sagt: »Das ist das Fest, daß er an Jerusalem denkt, sich aber niederbeugt zu dem, was noch nicht ist.« »Ja«, sagt eine, »er zieht den herauf! Aufstehen ist doch nichts anderes als heraufgezogen werden. Das kann aber nur einer, der mit der Kraft von oben verbunden ist. Sonst zieht's ihn runter.« Dem stimmt eine andere zu: »Das ist genau mein Fehler, den ich immer mache. Ich leide so mit den anderen mit, daß ich hinterher völlig deprimiert bin.«

Und sie erzählen sich, gar nicht mehr nur im Hinblick auf Jesus, wie sie sonst mit dem Leid fertig werden, das sie mit ansehen müssen. Fast alle sagen, es ziehe sie runter; sie verlieren sich und ihre Kraft in dem Maße, wie sie mit denen fühlen, die schon so lange da liegen. Sie fragen sich, ob das Solidarität und Mitleiden ist. Eine sagt, sie wolle aber, daß Jesus alle erreicht und nicht nur einen. Sie erkennt in diesem Anspruch an Jesus etwas über sich selbst, nämlich, daß sie sich immer bemüht, alle auf die Beine zu stellen und nicht nur einen. »Sind wir denn mächtiger als Jesus?« fragen wir uns. »Oder haben wir nicht die Kraft, zu ertragen, daß nicht alles schon steht und geht? Oder machen wir uns dadurch nur was vor?«

Es herrscht große Unsicherheit in der Gruppe, und es wird die Frage gestellt, wie wir sonst sind, gerade in unseren helfenden Berufen. Wem wende ich mich zu, wem nicht? Erlaube ich es mir, nicht zu helfen, oder habe ich dann nur noch ein schlechtes Gewissen? Wer spricht mich an, wer nicht? Was lasse ich liegen, wo bleibe ich stehen, wo gehe ich weiter? Die Menschen sind angeregt und aufgeregt, weil sie an ihre persönliche und berufliche, vor allem auch unsere politische Lage erinnert werden. Sie fordern Zeit und wollen sich, angeregt von der Geschichte, mit ihrem eigenen Helfen befassen.

Der Engel

Nach der Pause zieht es uns zu der kleinen Geschichte mit dem Engel, der sich zu gewissen Zeiten in das Wasser begibt und es bewegt, so daß, wer da einsteigt, gesund wird.

Manche Theologen schreiben, es sei ein Einschub; diese kleine Szene sei später hineingekommen, man könne sie auch fortlassen. Die Gruppe aber will diesen »Einschub« auf gar keinen Fall auslassen. Ja sie finden ihn sogar wunderschön.

Es ist, als wirke in der ganzen Dramatik der eigenen Themen, die uns herausfordern, wenn wir die Masse des Leides sehen, diese Geschichte vom Engel wie ein kleiner Trost. Sie entlastet uns erst einmal, denn es geschieht etwas. Es gibt ja einen Engel, zu gewissen Zeiten nur, aber immerhin!

Was wissen wir von Engeln?

Die Gruppe kennt viele Geschichten von Engeln, von ihren Bewegungen, ihren Aufgaben und Botschaften. In unserer Geschichte ist es der Engel mit einer heilenden Botschaft und einer heilenden Bewegung.

Mir ist in vielen Gruppen aufgefallen, daß Menschen mit der Vorstellung von Engeln leicht zurechtkommen. Ganz anders als bei den Gottesbildern des Vaters und des Sohnes kommt hier spontane Bereitschaft auf, sich der geistig-göttlichen Wirklichkeit zu nähern. Vielleicht liegt es daran, daß die Vater-Sohn-Assoziationen gleichzeitig biographisch sind und wir uns durch viele persönliche wie kollektive Bilder hindurcharbeiten müssen, um uns der biblischen göttlichen Vater-Sohn-Gestalt zu nähern.

Der Engel bringt eine solche Belastungsgeschichte nicht mit sich. Und da die Theologie ihn jahrzehntelang nicht ernst genommen, sondern in Ruhe gelassen hat, ist er wie verschont geblieben von dogmatischer Überfrachtung und Unmut. Der Engel hat noch etwas von der Kindheit und von deren Frömmigkeit und bringt Gutes mit sich, Beschützendes, Heilendes, Tröstendes, Wegweisendes. Er ist eine kleine Kraft aus der großen göttlichen Kraft und erhebt nicht gleich den Anspruch des Allmächtigen. Er ist ein freundlicher Bote, der nur das eine mit sich bringt, um das es gerade geht.

Es gibt auch die strengen Engel mit einer harten Botschaft. Aber hier geht es um die freundlichen, die jene Güte Gottes mit sich bringen, die in der Theologie und auch oft in der Kirche verlorengegangen ist.

Wenn sich Menschen in einer Gruppe dieser Gestalt des Engels öffnen, verändert sich die Atmosphäre im Raum. Das geschieht, sobald sich Menschen erzählen, was sie vom Engel wissen; was die Flügel bedeuten und die Schwingen; welche Schwingungen und welches Licht ein Engel mit sich bringt; wann so ein Engel von wem gesehen worden ist; was die mittelnde Kraft ist zwischen dem Göttlichen und dem Menschlichen, die einem Engel anscheinend gegeben ist.

Fluidum

In dem Maße, wie sich die Menschen davon erzählen, entsteht etwas von dieser Engelkraft im Raum. Schlichtweg durch Erzählen. Ich bin überzeugt, daß wir die Atmosphäre des Raumes, in dem wir sind, ständig durch die Art beeinflussen, wie wir reden, fühlen und denken. Ebenso wie wir die Möglichkeit haben – wie bei der Pfarrkonferenz –, dicke Luft entstehen zu lassen, so ist uns auch die Möglichkeit gegeben, daß ganz feine, durchlässige Luft entsteht. Wir können uns durch unsere Gedanken und Gefühle gegenseitig so beeinflussen, daß aus der Atmosphäre ein Fluidum wird.

Jesus sagt in der Geschichte vom Gelähmten zu den Pharisäern: »Was macht ihr euch da für Gedanken in eurem Herzen?« Gedanken prägen die Atmosphäre, die ausgesprochenen Worte noch mehr.

Heilende Wasser-Kraft

Hier hören wir also vom Engel, der ins Wasser geht; von Luft, die das Wasser bewegt und selbst bewegt wird vom Licht. Eine feinstoffliche Bewegung durch Luft hindurch, die in das Wasser eingeht und das Wasser so bewegt, daß daraus Heilwasser entsteht. Ein wunderschönes altes Bild der Heilquelle, des Bades, aus dem man wie neugeboren heraussteigt.

Die Menschen erzählen sich von heilenden Quellen, von heilendem Wasser, von Heilbädern, von Jungbrunnen. Märchenmotive sind im Raum. Sich einlassen in das Wasser, in Brunnen, Quellen, in denen Göttinnen, Götter, Nymphen und viele heilende Wesen wohnen. Hier ein Engel, der sich herabläßt und das Wasser zur Heilquelle macht.

Viele Frauen, auch manche Männer, aber vor allem die Frauen, kennen sich gut aus in den Mythen, in den Märchen von den Quellwassern, in den heiligen, heilenden Erzählungen. Es ist ja erstaunlich, was in den letzten Jahren von diesen alten Mythen und Märchen wieder aufgekommen, förmlich aufgetaucht ist. Nach der streng rationalen theologischen Forschung, die den Mythos vertrieben und entwertet hat, nun eine Wiederentdeckung und neue Wertschätzung der alten Motive. »Kein Wunder«, sagt jemand, »daß die meisten Theologen der Bultmann-Schule diese schöne Engelsgeschichte vom Heilwasser in den wissenschaftlichen Apparat der Fußnoten getan haben. Das war ihnen wahrscheinlich viel zu mythisch!«

Ein anderer protestiert: »Was heißt hier, kein Wunder? Wenn ich euch erzählen höre, was ihr alles von den alten Wassern und heilenden Quellen wißt, dann werde ich noch einmal richtig rational wissenschaftlich und will nichts mehr hören vom Mythos. Das ist viel zuviel hier. Es überschwemmt mich!«

Eine Frau aus der Gruppe sagt, und gar nicht nur zu dem,

der eben geredet hat: »Wahrscheinlich gab's am Teich Bethesda solche Leute wie euch, die das Vielzuviel gar nicht ertragen hätten, so daß deswegen immer nur einer ins Wasser durfte. Ihr hättet das gar nicht ertragen, wenn alle sofort geheilt worden wären ...«

Die Gruppe ist bewegt. Man könnte fast im Bild bleiben und sagen, das Wasser, das zwischen uns fließt, dessen Ufer wir bilden, fängt an, sich zu bewegen. Es strömt und sprudelt. Auch das Unheimliche darin. Auch die Angst: Immer nur einer kann geheilt werden, immer nur einer. Bist du's? Bist du's? fragen wir. Einer von uns fällt ein: »Bis hin zum Verrat Jesu durch Judas. Immer nur einer.«

Einen ganzen Tag erlebt die Gruppe, das Wasser selbst zu spielen und zu sein. In aller Demut erfahren sie, was es heißen kann, sich einem Engel so anzunähern, daß man sich in seiner Gestalt fühlt und in das Wasser des Teiches steigt, wie das Wasser anfängt, sich zu bewegen, wenn der Engel hineingestiegen ist, und was geschieht, wenn der Engel aussteigt. Sie erleben, was geschieht, wenn ein Kranker hineinkrabbelt und sich gesundbadet.

Aber sie wollen die Szene, daß immer nur einer, immer nur der erste im Wasser geheilt wird, nicht spielen. Sie erzählen sich, daß wahrscheinlich viele Kranke versucht haben, ins heilende Wasser einzusteigen; auch der Mensch in unserer Geschichte, von dem es heißt, daß er 38 Jahre lang da lag und daß immer ein anderer vor ihm ins Wasser ging.

Jesus nimmt ihn wahr, als er vorüberzieht. Er geht zu ihm hin und fragt: »Willst du gesund werden?« Diese Szene will die Gruppe spielen.

Das Spiel

Wir wagen also ein größeres Spiel. Größere Spiele entstehen immer dann, wenn wir die verschiedenen Motive besprochen, mit unseren Körpern erlebt und in unseren Seelen ein wenig verstanden haben. Wenn alle durch die Motive hindurchgegangen sind, kann man ein Zusammenspiel erwarten. Einzelne wählen sich ihre Rollen, auch Rollen, die es im Text offensichtlich zunächst nicht gibt.

»Ich bin ein Baum am Teich«, sagt eine Frau, stellt sich hin, wird zum Baum. »Ich bin das Wasser«, vier oder fünf bilden das Wasser. »Ich bin ein Strauch am Teich«, sagt ein Mensch und setzt sich. »Ich bin der Engel«, sagt eine und verzieht sich. Entfernt vom Teich legen sich sofort einige Kranke hin. Es ist nicht ersichtlich, wer von ihnen derjenige ist, der 38 Jahre lang da gelegen hat. Es hat sich noch niemand zu der Rolle bekannt.

Eine Frau stellt sich und sagt: »Ich bin die Halle.« Zwei weitere stellen sich hin: »Wir sind das Tor.« Sie fügen ihre Hände zusammen. Und ein Jesus findet sich; er steht außerhalb.

In dem großen Raum gibt es einen Gong. Der Engel steht auf und bewegt den Gong. Ein Klang entsteht, der durch den ganzen Raum schwingt. Nachdem der Engel den Gong zum Tönen gebracht hat, geht er ins Wasser.

Das Wasser beginnt sich zu bewegen, und da fängt auch der Baum an, sich zu wiegen. Als der Baum damit beginnt, fängt der Strauch an, sich leicht zu schütteln.

Einer von den Daliegenden richtet sich auf und kommt angekrochen, ein anderer ebenso, noch einer. Drei Menschen krabbeln und kriechen. Es ist anfangs teilweise lustig, dann wird es aber ganz ernst, denn nur einer kann als erster ins Wasser. Sie fangen an, sich anzuschreien und zu drängeln, sie biegen sich, es entsteht eine lebhafte Bewegung zwischen Menschen, die alle ins Wasser wollen.

Eine Frau schafft es, taucht unter. Die anderen schlaffen

ab. Der Baum steht still. Der Strauch bewegt sich nicht mehr. Dieser eine Mensch ist im Wasser.

Das Wasser ist erst wie starr erschrocken, bewegt sich dann leicht. Und es bewegt den Menschen. Langsam kommt die Frau heraus, berührt noch einmal all diejenigen, die das Wasser bilden, steigt aus, geht hinüber zu den Liegenden, berührt eine von ihnen und sagt: »Hab Mut.« Dann geht sie weiter und lehnt sich mit dem Rücken an die Halle.

Jesus kommt langsam näher. Der Baum fängt wieder an, sich zu bewegen. Jesus kommt, das Tor öffnet sich; Jesus geht durch das Tor.

Der Baum bewegt sich, der Strauch bewegt sich, Jesus ist da, sieht um sich die Menschen, die hier liegen und miteinander reden. Nur eine Frau liegt ganz still. Es ist diejenige, die von der Geheilten berührt worden ist. Jesus geht hin, beugt sich zu ihr hinunter, kniet hin, geht ganz zur Erde. Sie sehen sich an. »Willst du gesund werden? Steh auf.«

Es dauert unwahrscheinlich lange, bis die Frau ganz langsam hochkommt. Und während sie sich aufrichtet, hat man den Eindruck: Sie wird aufgerichtet. Denn als Jesus gesagt hatte, steh auf, stellte er sich hin. Er blieb nicht unten bei ihr, berührte sie nicht, sondern kam selbst langsam hoch. Aber durch die Weise, wie er aufstand, war es, als könnte sie dadurch auch in die Bewegung des Aufstehens kommen; als würde sie an seiner Kraft hochgezogen werden.

Bewegt werden

Die Menschen gehen aus ihren Rollen und berichten sich, was sie in diesem Spiel erlebt haben. Sie erzählen sich, wie eine Bewegung die andere ausgelöst, wie eine Kraft die nächste in Gang gebracht hat. Die Bewegung des Klanges und des Engels ging auf das Wasser über, vom Wasser zum

Baum, vom Baum auf die Menschen. Das Sichtbare, Hörbare und Spürbare ging von einem auf den anderen über, als würde die ganze Natur, ja selbst die Halle in Bewegung kommen und die Tore sich öffnen. Eine Kraft bewegt die nächste.

Die Gruppe sagt, die ganz heilende Geschichte, die sie eben erlebt habe, sei eine zusammenfließende Kraft und bilde eine Wasserheilungsgeschichte. Die Frau, die von der zuerst Geheilten berührt worden war, sagt: »Im Text heißt es, ›ich habe keinen Menschen‹, aber ich hatte einen! Die aus dem Wasser herausgekommen ist, hat mich berührt, und da hatte ich Mut. Aber Mut allein hätte nicht gereicht, um aufzustehen. Es mußte einer kommen, der sich tatsächlich ganz zu mir herabläßt.« Sie erzählt davon, daß Jesus sie so angesehen habe, daß sie merkte, da läßt sich einer auf mich ein. Und sie sagt zu dem, der Jesus war: »Ich war der Teich, meine Augen waren der Teich. Und du hast mich so angeguckt, daß du dich wirklich auf mich und in mich eingelassen hast. So konnte ich heraufkommen. Du gingst mir voran.«

Die Gruppe stellt sich nun die Frage: Hat uns dieses Spiel geholfen, die Geschichte besser zu verstehen? Und was haben wir erkannt?

Die Antworten sind verschieden: Es ist die Geschichte des Jesus, der von oben kommt und sich in die Erde hineinläßt. Es ist die Geschichte des Jesus, der sich herabläßt und der heraufzieht. Es ist eine Geschichte, die an der Natur verdeutlicht, was es heißt, zu stehen wie ein Baum, bewegt zu werden wie der Baum, und was es heißt, daß die Bewegung des Wassers auf andere übergeht. Manche sagen, was hier geschehen sei, habe etwas von der Taufe. Dennoch bleibt bei vielen ein Gefühl der Unheimlichkeit. Und einige sagen, so einfach könne es nicht gewesen sein.

Die entscheidende Frage

Wir arbeiten einen Tag lang daran, herauszubekommen, was man empfindet, wenn man die Frage hört:»Willst du gesund werden?« Viele in der Gruppe meinen, daß sei die frechste Frage, die sie je gehört hätten. Man müsse sich nur einmal vorstellen, da liege einer 38 Jahre lang und könne sich nicht bewegen, und da komme jemand und frage ihn auch noch, ob er gesund werden wolle.

Andere sehen das anders. Es sind gerade diejenigen, die während des Spiels als Kranke liegengeblieben sind, die nun den Wunsch äußern, an dieser Frage weiterzuarbeiten. Sie erzählen nämlich, daß sie fast gar nichts mitbekommen hätten, weil sie mit ganz anderen Dingen beschäftigt gewesen seien und keinesfalls Kraft und Willen gehabt hätten, stehen zu wollen.

»Das ist ja noch schöner«, sagt einer in der Gruppe, »das ist die alte Argumentation. Da müssen welche liegenbleiben, und andere behaupten von draußen einfach, die hätten eben nicht gewollt. Das ist mir zu billig.«

Also, willst du? Willst du gesund werden?

Es ist erstaunlich, jeder vernünftige Mensch wünscht sich, gesund zu sein, aber wenn du jemandem gegenüberstehst, der dich fragt, ob du gesund werden willst, dann geschieht etwas. Entweder du merkst jetzt deutlicher denn je deinen Willen, gesund zu werden; oder du merkst, daß du gar nicht spürst, ob du diesen Willen in dir hast. Die Frage führt dich also in die Konfrontation mit dir selbst.

Die Kraft des Willens

Manche merken ihren Willen nicht. Also gehen wir zum Gegenteil über und fragen uns, was es heißt, willenlos zu sein. Wenn ich mich hinlege und mich damit identifiziere, daß ich nicht hochkommen will und daß mich keiner auf meine Füße stellen wird, können fünf starke Menschen kommen, sie kriegen mich nicht auf meine Füße. Sie kriegen mich hoch, aber nicht auf meine Füße. Ich kann mich so mit dem Wunsch identifizieren, nicht auf die eigenen Füße kommen zu wollen, daß noch so starke physische oder auch seelisch-geistige Überredungskräfte nichts bei mir ausrichten können. Das ist eine Erfahrung, die man üben kann.

Durch diese Übung erfahren alle, wo ihr Wille sitzt. Sie entdecken, von wo aus sich ihr Wille entwickelt, nicht hochkommen zu wollen, und haben eben dadurch einen Zugang zu ihrer Willenskraft insgesamt.

Wo im Leib sitzt der Wille? Im Kopf – unter den Füßen – im Herzen – in den Händen – im Kreuz – im Bauch – im Atem?

Die Gruppe stellt fest, daß niemand stellvertretend für einen selbst den Willen aufbringen kann. »Ich habe keinen Menschen«, sagt der Kranke zu Jesus. Aber es kann ihm auch kein anderer Mensch den eigenen Lebenswillen bringen.

Und dennoch. Die Menschen der Gruppe erzählen sich, daß sie im Spiel erfahren haben, daß andere sehr wohl zumindest einen Hauch an Lebenswillen überbringen können, anregen können, Mut machen können, wie die im Wasser Geheilte, die ihr Wissen weitergab. Und sie entdekken, daß Jesus selbst den Kranken mit seinem Willen zum Leben und Aufstehen beeinflußt habe.

Gibt es dann doch Willensübertragung? Wenn der Kranke nicht will, kann Jesus ihn nicht hochbringen. Aber wenn Jesus mit seinem heilenden Willen beeinflußt, wird der eigene Willensimpuls angerührt. »Willst du gesund werden?« Das ist Kernfrage und Wendepunkt in der Geschichte.

Die Gruppe ist neugierig geworden auf eine Antwort darauf, was die zusammenwirkenden Kräfte in einem Heilungsgeschehen sind. Auch wenn die Kraft, die immer darüber hinausgeht, Gott, Jesus oder dem Engel gehört: Was ist das Mitwirkende von uns Menschen aus?

Aufgehoben

»Steh auf, hebe dein Bett auf und geh umher.« Kaum steht der Mensch, muß er schon wieder runter.

Im Nachspielen erleben die Menschen folgendes: Von unten nach oben kommen, hinaufgezogen werden durch den Lebenswillen, durch die Kraft, die hinaufzieht. Das haben wir kennengelernt.

Aber stehen können heißt auch, sich bücken können, bewußt sich nach unten vertiefen. Dabei kann ich das aufheben, worauf ich 38 Jahre lang gelegen habe und was mich festgelegt oder gar unten gehalten hat. Jetzt nehme ich es selbst in die Hand, kann es aufheben und tragen. »Geh umher, geh damit um.« Es gibt keine tragenden Kräfte wie bei der Geschichte vom Gelähmten, jetzt mußt du alles in die eigenen Hände nehmen, was dich festgelegt hat. »Steh auf, heb deine Matte auf, geh umher.«

Etliche in der Gruppe mögen diese Szene überhaupt nicht. Sie sagen, es wäre viel schöner, endlich befreit zu sein, eigenständig, selbständig gehen zu können, umhergehen zu können und den ganzen Mist der letzten 38 Jahre hinter sich zu lassen, hinter sich zu werfen.

Einige meinen, sie kämen aus einer christlichen Tradition, wo man das Vergangene einfach hinter sich lassen dürfe: »Siehe, es ist alles neu geworden«, und was hinter uns liege, sei nicht mehr wichtig, jetzt gehe es nach vorn, ans Neue. Was hat es dann zu bedeuten, daß in unserer Geschichte steht: »Heb dein Bett, deine Matte auf!«?

Einige aus der Gruppe wollen die Gebärden des Geheilten nacherleben, und sie entdecken: Jetzt stehe ich, jetzt gehe ich umher, jetzt bewege ich mich. Ich kann mich fragen: Was ist das, was ich 38 Jahre lang nicht gesehen habe?

Halte ich es jetzt in Händen? Trage ich, was mich festgelegt hatte?

Die Gruppe stellt nach einiger Zeit fest, es sei eigentlich wirklich kein Wunder, daß er in den Tempel gegangen sei. Eine Teilnehmerin sagt: »Wenn ich tatsächlich in die Hände nehme, was vorher alles nicht war, dann muß ich's irgendwo hinbringen. Ich muß es zurückgeben. Ich muß es ablegen. Wohin denn sonst als in den Tempel!«

Der zweite Teil der Geschichte

»Es war aber Sabbat an jenem Tage. Die Juden sagten nun zu dem Geheilten: Es ist Sabbat, und es ist dir nicht erlaubt, das Bett aufzuheben!

Er aber antwortete ihnen: Der mich gesund gemacht hat, der sprach zu mir: Hebe dein Bett auf und geh umher!

Sie fragten ihn: Wer ist der Mensch, der zu dir gesprochen hat: Hebe es auf und geh umher? Der Geheilte aber wußte nicht, wer es war; denn Jesus hatte sich hinwegbegeben, während eine Volksmenge an dem Orte war.

Danach fand ihn Jesus im Tempel und sprach zu ihm: Siehe, du bist gesund geworden; sündige nicht mehr, damit dir nicht etwas Schlimmeres widerfährt! Der Mensch ging weg und sagte den Juden, es sei Jesus, der ihn gesund gemacht habe. Und deshalb verfolgten die Juden Jesus, weil er dies an einem Sabbat getan hatte« (Joh 5,9–16).

Die Gruppe hatte sich schon häufiger mit Pharisäern und Schriftgelehrten, mit Jerusalem und dem Sabbat befaßt. Sie konnte also bald mit einem Spiel beginnen.

Mehrere spielen den Geheilten, der nun umhergeht, sein Bett trägt und kaum, daß er die ersten eigenen Schritte geht, angesprochen wird: »Das darfst du nicht. Heute nicht.« »Wie kommst du dazu?« »An jedem anderen Tag hättest du das machen können, aber nicht am Sabbat!«

»Du verletzt unsere Ordnung.« »Wie willst du denn als Geheilter in unsere Ordnung aufgenommen werden, wenn du dir so eigenständig deine eigenen Regeln machst!«

Zwei Welten prallen aufeinander. Die Welt des heiligen Bundes, des Sabbats, der eingehalten werden muß, damit eines Tages, wenn alle den Sabbat halten und heiligen, der Messias kommen kann. Diese Welt, die dem Bund verpflichtet ist und die von einem, der nach 38 Jahren aus einem Chaos kommend eigene Schritte macht und in eine ganz eigene Ordnung eingesetzt wird.

Die Geheilten verstehen die Juden nicht. Sie sind so eingenommen von dem, was ihnen geschieht, daß sie es nicht diskutieren können oder wollen. Sie gehen quer durch die Menge in den Tempel hinein und finden ihren Ort zum Gebet.

Die Frauen und Männer, die den Geheilten gespielt haben, sagen später, es habe keine Diskussion geben können. Sie konnten die Gründe der Juden gar nicht hören. Diejenigen, die die Juden spielten, sind zutiefst gekränkt.

Jesus im Tempel

Die nächste Szene: die Begegnung im Tempel.

Die Gruppe baut den Tempel. Sie benutzt kein Material, sondern baut sich selbst zum Tempel auf. Jede und jeder hat damit leibhaftig Anteil am ganzen Tempel.

Drei stellen sich hin, bilden eine Reihe, stehen da wie ein Vorhang: der Vorhang im Tempel.

Einige andere bilden das Tor, das in das Tempelinnere führt.

Andere stehen als Pharisäer und Schriftgelehrte im Tempel, wieder andere stehen vor dem Tor.

Die Geheilte kommt in den Tempel, verneigt sich, setzt sich zur Seite, legt ihre Matte ab, meditiert, betet.

Jesus kommt zum Tor.

Einige Pharisäer machen ihm Vorwürfe: »Hast du die vielleicht geheilt?« »Das kann doch nicht sein, am Sabbat!« »Das hast du schon sehr häufig gemacht, das weißt du doch, daß das nicht geht!« »Du verletzt die heilige Ordnung; am liebsten würden wir dich nicht in den Tempel hereinlassen.« »Du beschmutzt das hier.«

Jesus, von einer Frau gespielt, geht durch schimpfende Menschen, die mit großem Ernst von der Sabbatheiligung sprechen. Sie stehen geradezu Spalier.

Jesus geht hindurch in den Tempel, geht hinein, dorthin, wo drei als Vorhang stehen, ein Mann und zwei Frauen. Jesus lehnt sich, wie total erschöpft, an sie an, lehnt sich vor allem an die mittlere Gestalt, drückt sich in sie hinein; kommt nach einer Weile zurück, steht ruhig, gesammelt, geht dann zur Geheilten hin, guckt sie an und sagt: »Hier finde ich dich wieder!«

Die Geheilte steht auf.

Jesus bleibt bei ihr stehen.

»Dir ist vergeben.«

Sie bleiben eine Weile stehen, sehen sich an: Die Geheilte weint.

Jesus geht aus dem Tempel hinaus. Die Geheilte wendet sich zu den Pharisäern und Schriftgelehrten und sagt: »Mir ist vergeben.«

Die fragen: »Wieso? Das kann niemand! Nur Gott!«

»Doch«, sagt sie, »mir ist vergeben.«

»Woher weißt du das?«

»Weil ich stehe.«

Vergebung

Ich bitte die Menschen, aus ihren Rollen herauszugehen. Was ist geschehen? Ich frage die am meisten Betroffenen zuerst, ob sie reden wollen.

Die Frau, die die Geheilte gewesen war, setzt sich in die

Gruppe und sagt: »Ich empfinde eine ganz tiefe Schuld, von der ich nicht loskomme. Und in dem Moment, wo diese Frau als Jesus zu mir sagte, ›dir ist vergeben‹, habe ich es bis in die Zehenspitzen gemerkt, daß mir vergeben ist und daß ich es hören mußte. Ich kann mir nicht selbst vergeben. Es muß mir vergeben werden. Ich muß es hören.«

Die Geheilte erzählt, daß durch diesen Zuspruch wirklich etwas von ihr weggenommen worden sei. Ihre Matte habe sie selbst in die Hand genommen, wie sie ihr Schicksal in die Hand genommen hatte. Eine Analyse habe sie hinter sich und viel Tiefenbearbeitung. Verstehen würde sie nun viel von ihrem Leben, doch immer wieder hätte sie gefühlt, daß ihr ein Vergeben gesagt, zugesprochen werden müßte. Wenn sie dieses Bedürfnis in Gruppen angesprochen habe, hätte sie aber zu hören bekommen, daß sie sich selbst vergeben müsse, es könne niemand anders für sie tun. Wie ein Psychodogma sei es ihr vorgekommen, fast wie ein Fluch. Und nun hatte sie erlebt, daß ihr eine die Vergebung zusprach. Und sie kam an.

Was Jesus erlebte

Was aber war mit der Frau geschehen, die Jesus war, so daß sie diese Kraft hatte, die überkam?

Sie war, erzählt sie, ganz zittrig gewesen durch all die Vorschriften, was sie am Sabbat nicht darf. Da sie Jesus war, wußte sie, daß sie den heiligen Bund und damit die Gefühle sehr vieler Menschen verletzt. Sie erzählt, es sei schlimmer gewesen als vorher, als sie alle Kranken darniederliegen sah. Mit einem einzelnen die Heilung zu erleben und die anderen liegenzulassen, das sei leichter gewesen, als hier durch die Masse der sie Befragenden hindurch zu müssen und für dieses eine einzustehen: die Heilung. »Einmal lasse ich fast alle liegen«, sagt sie, »und einmal verletze ich ganz viele. Das hielt ich nicht aus, ich halte überhaupt diese Jesus-Rolle nicht aus!« Sie sagt, sie habe keine andere Chance in ihrer Situation gesehen. Sie mußte einfach in den Tempel gehen und sich an ihre Gottheit anlehnen. Für sie waren die drei Menschen, die den Vorhang gebildet hatten, die Dreifaltigkeit gewesen! Vater, Sohn und Heiliger Geist. »Ihr standet für mich da«, sagt sie, »das war für mich Gott. Und ich habe mich einfach da hineingegeben. Wie der verlorene Sohn, wie die verlorene Tochter. Einfach da hineingehängt: meine ganze Erschöpfung, meine ganze Enttäuschung, mein ganzes Verzweifeltsein und die Frage, warum ich eigentlich hier auf die Erde gekommen bin und was ich hier soll. Einfach da hineingegeben. Und habe da von diesen drei Kraft bekommen. So richtig Kraft bekommen, daß ich gemerkt habe, wer ich bin.«

Und sie fährt fort: »Die Jerusalem-Kraft war wieder da. Und ich wußte, daß ich zu Hause bin und hierhin gehöre, angeschlossen an diese göttliche Kraft. Wenn ich verausgabt bin, schaffe ich nichts. Wenn ich angeschlossen bin an Gott, dann geht es. Da war ich wieder in der Kraft, und mit der ging ich zu ihr und sagte: ›Dir ist vergeben.‹«

Nachdenken über Vergeben

Die Gruppe ist betroffen. Durch das Spiel und die Berichte angeregt, fragen die Teilnehmerinnen und Teilnehmer: Wo ist mir schon einmal wirklich vergeben worden? Kenne ich den Wunsch oder die Sehnsucht danach in mir? Wie ist es für uns Protestanten, die wir eine persönlich zugesprochene Vergebung kaum kennen?

Die Menschen erzählen sich aus ihrer Praxis als Theologinnen und Theologen, als Mitarbeitende in helfenden Berufen. Hat es denn einen tieferen Sinn, wenn Menschen bei der Telefonseelsorge anrufen und nicht woanders? Welche Erwartungen sind im Raum, wenn jemand bei einem Pastor oder einer Pastorin ein Einzelgespräch sucht? Suchen sie auch Vergebung? Den persönlichen Zuspruch?

Wir stellen fest, daß in der kirchlichen Liturgie zu schnell die Vergebung ausgesprochen wird, ohne daß die Menschen von sich selbst erzählen können. »Es hat doch einen Grund, daß wir uns der Psychologie zugewandt haben, dem Zuhören und Verstehenlernen«, meint eine. »Aber kann es nicht sein«, fragt ein anderer, »daß wir nun vor lauter Verstehen und bejahendem Zuhören den Mut zum Vergeben verloren haben? Ich jedenfalls bringe den nicht auf; die Schwelle ist mir zu hoch.«

Woher nehmen wir die Vollmacht, an der Schwelle stehenzubleiben und jemandem zu sagen: »Dir ist vergeben?« Die Frau, die im Spiel die Kraft Jesu erlebt hatte, konnte die Vergebung zusprechen, weil sie sich selbst an die große Kraft Gottes angeschlossen wußte.

Überlegen oder Erfahren

Die Frauen und Männer der Gruppe, die die Pharisäer und Schriftgelehrten im Tempel gespielt hatten, erzählen, daß sie zusammen mit der Geheilten Sätze ausgesprochen hätten, die so gar nicht bei Johannes im Text stünden. Sie hätten nachgefragt, woher sie denn wisse, daß ihr vergeben sei; und sie hätte geantwortet: ›Weil ich stehe!‹ Diese Textstelle aber stehe nicht in der Geschichte des Geheilten am Teich Bethesda, sondern in der von der Heilung des Gelähmten. Dort sagt Jesus zu den Pharisäern: »Was ist leichter, zu sagen, dir sind deine Sünden vergeben, oder zu sagen, steh auf und geh umher? Damit ihr aber wißt, daß der Sohn des Menschen die Kraft bekommen hat, sage ich dir: Steh auf.«

Die geheilte Frau und die Pharisäer erzählen, daß ihnen im Spiel selbst diese Textstelle aus der anderen Geschichte ganz selbstverständlich eingefallen sei, von innen her dazugehörend. »Daran habe ich doch die Vergebung im Körperlichen wie auch im Seelisch-Geistigen gemerkt«, sagt die Geheilte, »beides gehört zusammen, keines kann fehlen.«

Für sie und auch für die Pharisäer und Schriftgelehrten des Spieles gehören die Aufrichtekraft des Willens und die der Vergebung zusammen. Nach dem Erleben ist es für sie selbstverständlich, weil sie das am eigenen Leibe wie an eigener Seele erfahren haben. Nicht aber für die Gruppe, für uns Außenstehende. Uns öffnen sich die Fragen überhaupt erst. Sie öffnen sich wie die vielen Tore der Spiele und des Textes.

Zwei Monate lang befaßte sich die Fortbildungsgruppe danach mit diesem Text, dem Willen, der Schuld und der Vergebung.

Die Heilung der verkrümmten Frau

Sich aufrichten heißt eigenständig werden

»Er lehrte aber in einer der Synagogen am Sabbat. Und siehe, da war eine Frau, die achtzehn Jahre einen Krankheitsdämon hatte, und sie war verkrümmt und nicht imstande, sich ganz aufzurichten. Als Jesus dieses sah, rief er sie herbei und sprach zu ihr: Frau, du bist von deiner Krankheit erlöst! Und er legte ihr die Hände auf, und sie wurde sofort gerade und pries Gott« (Lk 13,10–13).

Frauengeschichten

Die kleine Geschichte im Lukasevangelium ist in den letzten Jahren von vielen Frauen entdeckt worden. Selten gepredigt, gehört sie zu den verborgenen und namenlosen Erzählungen und ist damit wie die Frau unserer Geschichte selbst, bis sie entdeckt, hervorgerufen wird.

Für viele Frauen unserer Kultur, aber auch in der weiten Ökumene, steht diese Geschichte der verkrümmten Frau für die Geschichte der Frauen selbst. So wie die Geschichte der Mirjam aus der Hebräischen Bibel ein Beispiel für politische Befreiungsgeschichte geworden ist, so die der verkrümmten Frau für das Verstehen von Unterdrückungsstrukturen, von sozialen wie persönlichen Verkrümmungen, sowie für das Herauskommen, Hochkommen, Aufstehen, für Aufstand und aufrecht werden. In dieser Geschichte finden sich viele Frauen auf ihrem Weg, Frau und erwachsener Mensch zu werden, wieder.

Die Gruppe

Sechzehn Frauen haben sich getroffen, um über vier Tage diese biblische Geschichte zu entdecken, sich selbst in ihr wiederzufinden, sich auseinanderzusetzen, die Frauen in der damaligen Zeit besser zu verstehen und den eigenen Weg bewußter zu gehen. Es sind Frauen unterschiedlichen Alters, sehr verschiedener Lebensbedingungen; unterschiedlich in ihrem Engagement für Frauengeschichte. Alle erweisen sich als neugierig und wißbegierig.

So sitzen sie bereits am Anfang zusammen und fragen, erzählen sich, wie Frauen damals gelebt haben, wie ihre Rolle im Haus definiert war, wie und ob sie in der Öffentlichkeit Raum bekamen. Sie fragen, ob Frauen in den Synagogen zugelassen waren und welches Menschenbild sie in die letzten Reihen brachte. Sie erzählen sich von der damaligen Einstellung zu Krankheit und Ansteckungsgefahr und stellen fest, daß es eigentlich verwunderlich ist, daß in unserer Geschichte eine kranke Frau in der Synagoge auftaucht. Das durfte sie nach den damaligen Gesetzen doch gar nicht.

Aber auch Jesus übertritt Verbote, indem er eine Frau öffentlich anspricht, eine kranke Frau herbeiruft, sie sogar berührt.

Verkrümmungen

Die Frau hat die Gruppe sehr schnell in ihren Bann gezogen. Wie kommt es, daß sie achtzehn Jahre lang verkrümmt war? Was war ihre Krankheit, was hielt sie unten? Wer?

Neben die Erzählungen von den damaligen sozialen Realitäten sind unsere Phantasien in den Raum gekommen. Wir nähern uns unserem Bild, das wir von dieser Frau haben. Wie alt war sie wohl, wie hat sie gelebt, was ging in ihr vor, als sie in der Synagoge war?

Wir nähern uns unserem Bild, indem wir beginnen, uns mit ihr zu identifizieren. In aller Bescheidenheit natürlich, denn wir hier in der Gruppe sind Gott sei Dank körperlich gesund, sind aufrecht. Um uns ihrer Situation anzunähern, wagen wir, eine Zeitlang die körperliche Haltung der Verkrümmten einzunehmen. Wir wissen, daß wir die Krummgewordene besser verstehen können, wenn wir den Versuch machen, sie in aller Demut ein wenig nachzuerleben, mitzuerleben.

Die Frauen stehen auf und entdecken ihr je eigenes Bild von der verkrümmten Haltung. Manche krümmen sich im Kreuz, andere in den Schultern, im Nacken. Sie stehen, gehen umher, fangen an, sich zu sagen, was sie in dieser Haltung erfahren.

»Nur Füße sehe ich, nur Füße und Beine.« »Ich kann keinen Kontakt aufnehmen zu euch, ich gehe an euch vorbei.« »Ich schleiche; wir kriechen alle; wir wissen überhaupt nicht, wer wir sind.«

Die Frauen gehen nach einiger Zeit aus ihrer verkrümmten Haltung heraus. Sie stöhnen und bemerken, daß dies Herauskommen aus der Verkrümmung fast noch schmerzhafter sei als die krumme Haltung selbst. Und sie erzählen sich, daß sie dort unten verengt, ängstlich, in viel zu kleinem Blickwinkel mit viel zu kleinen Schrittchen eine winzig kleine, eingeschränkte Welt erlebt haben.

»Aber das war die Verkrümmung von uns Frauen«, sagte eine, »das ist doch eine Geschichte von Hunderten von Jahren! Immer nur das kleine Gehäuse zu Hause. Keine Öffentlichkeit, keine öffentliche Stimme, kein Rauskommen – nur krummachende Bedingungen mit eingeschränktem Blick.«

Der Synagogenvorsteher

In unserer Geschichte gibt es einen Menschen, der eine völlig andere Haltung hat als unsere verkrümmte Frau. Wie ein Gegenpol steht er da, vertritt die Öffentlichkeit, die Ordnung, das Gesetz: der Synagogenvorsteher. Schon zu Anfang des Bibliodramas, als wir uns von der Synagoge erzählt haben, wurde er uns deutlich in seiner Aufgabe als geistlicher Verwalter und Hüter des heiligen Gesetzes, der zu ehrenden Ordnung.

Nun entdecken wir ihn, besser unser Bild von ihm, indem wir auch seine Körperhaltung im Raum erproben. Wie steht ein Synagogenvorsteher? Probiert es doch mal aus.

Die Frauen stellen sich sehr gerade, sehr aufrecht. »Gott sei Dank«, sagt eine, »jetzt komme ich endlich aus der Haltung der Verkrümmten heraus und kann mich ausstrekken.« »Jetzt bin ich endlich oben«, sagt eine andere. »Ja, aber ich bin nicht gerade«, meint die nächste, »ich bin ganz steif als Synagogenvorsteher. Immerzu muß ich darauf achten, daß mir das Gesetzbuch, das da auf meinem Kopf ist, nicht runterfällt. Der Mann ist doch völlig bewegungsunfähig, starr und steif steht er da und hat Angst, daß sich irgend etwas verändern könnte.«

Vermischen wir den gesetzestreuen Synagogenvorsteher mit preußischer Soldatenhaltung?

Die Frauen gehen in ihrer Rolle als Vorsteher durch den Raum. Wie geht er? Sie begrüßen einander und stellen fest, daß sie einander ansehen können, ganz anders als vorhin als verkrümmte Frauen, als sie kaum Kontakt zueinander bekommen hatten.

»Aber es ist kein wirklicher Kontakt«, sagt eine, »wir gehen hier nur steif auf und ab, und ehrlich gesagt finde ich es jetzt auch genug. Eigentlich sind mir das hier viel zu viele Vorsteher.« Immer nur einer? »Und auf keinen Fall kann oder darf der zur Erde gucken.« »Ja, genauso wie die verkrümmte Frau nicht wirklich sehen kann, kriegt der auch nichts mit.«

Unterdrückungen

Wie ist das Zusammenspiel zwischen diesen beiden? Ich bitte die Frauen, sich aufzuteilen. Diejenigen, die die Frau noch einmal von innen her erleben möchten, mögen sich in ihre gekrümmte Haltung begeben. Und diejenigen, die weiter ihren Synagogenvorsteher verstehen möchten, mögen oben bleiben.

Die Vorsteher gehen durch den Raum, die Verkrümmten stehen und bewegen sich nur sehr langsam. Nach einiger Zeit bewegen sich die Verkrümmten nur noch am Rande des Raumes, schleichen, tasten. Die Mitte des Raumes hingegen ist erfüllt von Synagogenvorsteherinnen.

Nach einer Weile gehen die Frauen sichtlich erleichtert aus ihren Rollen heraus. Endlich das viel zu anstrengende Sich-oben-halten-Müssen lösen und die Verkrümmung in die Aufrechte bringen. Sie sind wieder ihr eigener Name und erzählen sich, was sie im eben erlebten Zusammenspiel erfahren haben. Sie erzählen vom sozialen Drama, verstehen, wie Menschen an den Rand gedrückt werden können, im wahrsten Sinne des Wortes sich nur noch am Rande bewegen können und mögen. In der Gegenwart der Synagogenvorsteher, die sie nicht sehen und nicht achten, gingen sie wie von selbst in die entsprechende Rollenhaltung, gingen an den Rand.

»Aber so haben wir uns selbst ausgeschaltet«, sagt eine, »wir haben innerlich die Haltung des Aggressors aufgenommen und uns damit identifiziert. Nur so ist doch zu erklären, wieso Massen von uns so lange am Rande geblieben sind und noch immer sind.« »Die Rolle des Vorstehers war ja auch furchtbar«, sagt eine andere, »die ist anstrengend, verkrampfend, unlebendig.« »Ja, aber genau deshalb gibt es noch so viele ähnliche Vertreter, weil wir sie auch noch bemitleiden. Wir müssen raus aus der Identifikation mit denen, die uns unten halten. Und wir dürfen sie nicht verstehen.« »Eigentlich sollten wir überhaupt nicht in ihre Haltung hineingehen. Eigentlich war das schon ein Fehler, ihn überhaupt von innen her verstehen zu wollen!«

Die Frauen sind aufgebracht. Im Raum sind nicht nur Synagogenvorsteher, sondern viele Autoritäten, oberste Repräsentanten aus Gesellschaft und Kirche. Im Raum sind die Gestalten, die sie wie viele andere Frauen an den Rand gedrängt haben.

»Wenn frau sich das verdeutlicht«, meint eine, »dann ist das wirklich wie ein Wunder, daß wir hochgekommen sind, daß wir gerade stehen können und einstehen können für uns selbst.«

Wie sind Frauen hochgekommen? Wie sind sie aufgestanden? Wer hat sie ermutigt, aufrecht zu werden und auch den Aufstand zu üben? Wer hat sie in Stand gesetzt?

Die Frauen erzählen sich von Vorbildern, von Ermutigern und Ermutigerinnen, die es braucht, um sich an ihrem Beispiel auszurichten und aufzurichten. Die Frauen kennen viele solche Gestalten aus der unmittelbaren und früheren Geschichte, kennen Gruppenerlebnisse. Allein schon durchs erzählende Erinnern kommt Kraft in den Raum, Unterstützung, Bestärkung.

Aufstehen und aufrecht werden

Was richtet auf?

In unserer Geschichte wird die verkrümmte Frau gesehen. »Und siehe«, heißt es im Text, »da war eine Frau.« Jesus sieht sie, er hat den Blick nicht nur oben, er wendet sich hinab, wendet sich zu. Und ruft sie herbei: »Du bist von deiner Krankheit befreit. Und er legte ihr die Hände auf. Da wurde sie sofort gerade und pries Gott.«

In einem kleinen Spiel gibt es nun eine Frau, die verkrümmt ist, den Synagogenvorsteher und Jesus. Alle anderen aus der Gruppe bilden das Volk in der Synagoge. Jesus steht in der Mitte und predigt von den Armen. Die Jesus-Frau sieht die andere, sie unterbricht ihre Predigt und geht zu der Verkrümmten hin, legt ihr eine Hand in den Rücken. Schweigt.

Lange stehen die beiden so da. Dann richtet sich die Frau sehr langsam auf, sieht Jesus an, dreht sich ein paarmal im Kreis, murmelt etwas und geht hinaus.

Später erzählt die Frau, die die Verkrümmte gespielt hat, sie habe überhaupt nichts gesehen, sie sei nur auf der Erde gewesen, auf der Erde und am Boden. Sie habe auch nichts gehört von der Predigt, sie sei zu sehr mit sich selbst befaßt gewesen, um irgend etwas zu hören.

»Aber dann war die Hand da«, sagt sie, »und plötzlich diese Wärme und Kraft, die in mich hineinkam. Mein ganzer Rücken wurde warm, mein Herz; ich fühlte mich mit einem Mal. Mich hat doch niemand berührt in den achtzehn Jahren meiner Krankheit. Und mit einem Male diese Wärme, diese Kraft, die in mich hineinkam – und Widerstand, an dem ich langsam hochkommen konnte. Und als ich hier oben war, da kriegte ich Angst. Denn mit einem Mal sah ich ja alles, ich sah mit meinen eigenen Augen und plötzlich war da so viel Welt um mich herum. Ich konnte die noch gar nicht sehen. Da bin ich erst mal rausgelaufen.«

Übertragene Kräfte

Keiner und keine von uns richtet sich aus sich selbst heraus auf. Immer ist es eine Bewegung, eine Verbindung, ein Kontakt, in dem einer dieses Hochkommen zugetraut wird, die das wirklich eigene Aufstehen ermöglichen. Es braucht Zumutung, ein Zutrauen von einer Seite her, die übermittelt: Du schaffst das, du kannst das! Ich traue es dir zu, ich unterstütze und ermutige dich. Hochkommen mußt du selbst, aber das Zutrauen schenke ich dir und den Glauben an dich selbst! In unserem kleinen Spiel war es die Hand Jesu, die übertragene Wärme und Hinwendung.

Die Frau, die Jesus gespielt hatte, erzählt, wie für sie in diesem Zusammensein nichts anderes mehr da war als die Verbindung zu dieser Verkrümmten. Alle ihre Kraft, die Kraft ihrer Predigt und ihrer Liebe sei durch ihre Hand in die Frau hineingegangen und als Jesus sei sie nie auf den Gedanken gekommen, daß die Verkrümmte ihr Aufstehen vielleicht doch nicht schaffe. Als Jesus war sie ganz in dem Gedanken: Komm, komm hoch! Und das habe sich wahrscheinlich übertragen.

Die das Volk gespielt haben freuen sich mit. Eine meint allerdings: »Es war wirklich aufregend, als du hochkamst. Aber wenn ich mir vorstelle, daß hier Massen von Unterdrückten und Verkrümmten hochkommen – das macht auch angst denen, die schon oben sind. Ich habe auch gedacht: Was sagst du uns jetzt, was alles kommt in dir selbst hoch, wenn du nun für dich selbst einstehen kannst? Was kommt da nun alles raus und hoch? Ich glaube, der Synagogenvorsteher hatte unwahrscheinliche Angst, was alles hochkommen kann, aufbrechen kann, wenn die Verkrümmte aufsteht.«

Die Angst vor dem Hochkommen und dem Aufstand der Frauen. »Das ist viel zu früh«, sagt die, die die ehemals Verkrümmte gespielt hat, »ich sehe doch überhaupt wie zum ersten Mal in die Welt hinein, das verwirrt mich eher, als daß ich gleich den Aufstand proben kann. Es wird Zeit brauchen, bis ich mich sortiere und eigenes Sehen wage.«

Manche meinen, daß wir aus dieser Phase des Sortierens ewig nicht herauskommen und es deshalb keinen wirklichen Aufstand, zu wenig Veränderung gäbe. »Und dann proben wir unsere kleinen Ausbrüche ganz brav in Gruppen, geordnet wie hier«, meint eine, und alle lachen.

Mitten hinein sagt eine plötzlich: »Aber Schwestern, der

Aufstand außen ist noch keine Befreiung der Seele. Wir proben vielleicht schon Hochkommen und Aufstehen, aber wir sind doch noch gar nicht frei. Ich jedenfalls habe noch mit dem Jesus zu reden, und ich glaube, ich muß noch mit ihm abrechnen..., mit diesem Rettergott, der eigentlich mein Verfolger war.«

Die Gruppe ist aufgeregt. Fragen im Raum an die Frau, Fragen an die Gesetzeshüter, nun auch Wut, Abrechnungswünsche an ihr Jesusbild.

Retter, Opfer und Verfolger

Um den Fragen und Aussagen an die drei Gestalten unserer Geschichte Raum zu geben, wähle ich folgende Gestaltung für die Gruppe:

Wir Frauen sitzen in einem großen Kreis. In die Mitte habe ich drei Decken gelegt. Auf der einen Decke sitzt imaginär der Synagogenvorsteher, auf der anderen Decke imaginär die Frau und auf der dritten imaginär Jesus. Ich sage zu den Frauen: »Was ihr ihnen sagen wollt, das sagt. Was ihr noch nicht gesagt habt, sagt.«

Eine beginnt: »Also, Jesus, was ich prima finde ist, daß du anscheinend fähig gewesen bist, nicht wie der da den Kopf immer oben zu halten und von oben her zu reden, sondern daß du anscheinend fähig bist, befähigt gewesen bist, dich herabzuneigen, um die Frau überhaupt zu sehen. Ich finde es auch toll, daß du sie gerufen hast, daß du zu ihr gesprochen hast und daß du sie berührt hast.«

»Aber genau das ist mir auch unheimlich«, sagt eine andere. »Es kommt mir hier so vor wie: Jesus, der Retter, ist da. Die Herrschenden sind oben, die haben auch kein Interesse daran, daß wir hochkommen, und wir Frauen hokken da unten und warten auf unseren Retter. Daß er uns endlich berührt, daß er uns wachküßt, daß er uns hochbringt, daß wir an ihm zu erwachsenen Frauen werden. Ich mag dieses Retter-Modell Jesus überhaupt nicht leiden. Und wenn ich ehrlich bin, ärgert mich am meisten daran, daß hier das alte Klischee vom Retter auch in der Bibel steht.«

»Na ja«, erwidert eine, »dann mußt du auch ehrlich sein, da steht das alte Klischee vom Synagogenvorsteher genauso drin. Der ist der Böse. Jesus ist der Gute. Da ist der Böse, der nicht will, daß die Frau zur Frau wird, und dort ist der Gute, der sich zur Frau hinwendet. Und die Frau ist letztendlich Opfer von beiden. Sie ist Opfer von dem, der kein Interesse daran hat, daß sie hochkommt. Und sie ist auch Opfer in der netten Hand von Jesus, der als Retter kommt. Beide machen sie passiv.«

»Aber nun kommt sie ja hoch aus ihrer Opferrolle«, sagt eine andere. »Nun steht sie ja für sich ein, nun steht sie gerade. Nun kann sie beiden ins Gesicht gucken. Sie ist kein Opfer mehr, sie ist jetzt da und ist ihnen gewachsen, allen beiden!«

»Und was macht sie?« sagt eine. »Sie macht den Aufstand und klagt sie an, wie wir hier.«

»Na, wenn es viele Frauen sind, die hochkommen«, malt sich eine aus, »dann geht es aber rund. Dann werden die Herren Synagogenvorsteher aber mächtig angeklagt.«

»Ja, so lange, bis die dann endlich klein sind, oder? Was haben wir denn dann gewonnen? Dann sind wir die, die oben sind, und haben die anderen runtergemacht. Das ist das alte Machtspiel. Immer nur einer kann oben sein, der andere ist unten. Der eine muß klein gemacht werden, damit der andere groß sein kann. Damit ist doch nichts gewonnen, wenn wir jetzt diejenigen, die uns unterdrückt und bedrückt haben, kleinmachen!«

»Aber uns ist auch nicht gedient«, gibt eine andere Frau zu bedenken, »wenn wir sagen: Jesus ist der Retter. Der hat ja doch nur Funktion in dem Modell von Opfer und Verfolger.« Opfer – Verfolger – Retter.

Uns wird klar, daß man aus diesem Modell kaum ausbrechen kann, es sei denn, man durchbricht das ganze System. Wenn man in dem Modell selber drinbleibt, dann verschieben sich höchstens die Rollen. Dann wird das Opfer irgendwann zum Verfolger, der Verfolger wird zum Opfer. Auch der Retter kann zum Opfer gemacht werden.

»Das ist in unserer Geschichte passiert«, fällt einer ein. »Guckt euch an, wie der Synagogenvorsteher dann auf Jesus losgeht und Jesus zum Opfer macht.«

»Ja, aber Jesus macht ihn auch klein, er bleibt stehen.«

»Letztlich haben sie ihn ja doch zum Opfer gemacht.«

Die Frauen fragen sich, ob es eine Möglichkeit gibt, erwachsen zu werden, ohne Opfer-, Verfolger- und Retter-Modell. Eine sagt: »Wir kommen da nicht so schnell raus, wir kommen da eigentlich immer wieder rein. Wir kommen aus einer ganz tief in uns verwurzelten seelisch-geistigen Geschichte, in der Jesus zum Retter gemacht worden ist und wir uns im Gegenüber zu diesem Retter immer wieder klein gemacht haben. Diese alte Gottesvorstellung hat uns ja seelisch-geistig unterhöhlt. Uns ist beigebracht worden, in dieser kleingehaltenen, verkrümmten schwachen Opferrolle ›Frau‹ zu bleiben. Und wir haben durch dieses tief in uns sitzende Retter-Jesus-Modell auch die Männer immer wieder mit reingehoben, hinaufgehoben in eine Retterrolle, in eine Erlöserrolle, in eine überhöhte wunderbare Männerrolle. Die Alles-Könner, die Alles-Macher, wenn sie nur wollen. Wir haben unser eigenes Angesehensein als Frauen davon abhängig gemacht, ob wir gesehen werden vom Mann, ob wir angesehen sind beim Mann, ob wir wert genug sind, Angesehene zu sein. Und immer haben wir darauf gelauert, ob er uns dazu einsetzt, initiiert, erhebt. Dabei waren wir diejenigen, die ihn immer erhöht und in diese Retter-Erlöser-Position hineininitiiert haben durch unser Kleinbleiben.«

»Das ist mir auf der Ebene von Männern und Frauen schon klar«, sagt eine. »Außerdem ist es nicht nur ein langer Weg, sondern auch eine schmerzvolle Geschichte, wenn man nach sehr langem Kleinsein und Opfersein, was ja auch Geborgenheit mit sich bringt und Sicherheit, aufwacht, aufsteht, für sich einsteht, geradesteht und selbst sieht und nicht mehr nur lauert, ob man gesehen wird. Plötzlich sieht man nämlich, daß da kein Retter ist. Plötzlich sieht man, daß das Bilder waren. Plötzlich sieht man, daß da ganz schön viel Schwäche drin ist in seinen Augen, ganz schön viel Mickrigsein und daß der selber auch Verkrümmungen kennt. Damit klarzukommen, wenn ich nun selber hochgekommen bin, daß ich auch mein Bild lassen muß, daß er immer der Starke sei, ist schwierig. Kann ich einen Schwachen lieben? Die alten Bilder loszuwerden ist so schwer.«

»Ich glaube«, sagt eine, »das Schwierige war doch, daß unser Gottesbild immer mit dem Männerbild verbunden war. Was wäre denn gewesen, wenn Jesus eine Frau gewesen wäre? Glaubt ihr nicht, ihr Schwestern, daß wir anderes gelernt hätten, wenn die Tochter Gottes uns berührt hätte und wir der Tochter Gottes in die Augen geguckt und die Schwester gesehen hätten? Die Frau. Und uns darin erkannt hätten, auch als Frau, statt uns immer wieder nur in Blick nehmen zu lassen vom Männer-Gott, vom Sohnes-Gott, vom Vater-Gott?«

»Also, um es ehrlich zu sagen, ich würde dieses Spiel in einer Gruppe mit Männern sowieso nicht mitspielen«, sagt eine andere, »hier hat ja eine Frau den Jesus gespielt, aber wenn in einer gemischten Gruppe ein Mann als Jesus käme und ich wäre die Frau und er würde mir die Hand auflegen, ich wäre so wütend und würde um mich schlagen. Wer mich achtzehn Jahre lang unterdrückt, soll mich nicht anpacken, der soll die Finger von mir lassen und mich nicht hochziehen!«

Schweigen und Betroffenheit in der Gruppe nicht nur durch die männlichen Gottesbilder und das Thema Mann – Frau und Vater-Gott, Sohn-Gott, Tochter Gottes, sondern auch durch das Thema »Berührung«.

Wie erleben wir Berührungen zwischen Mann und Frau? Die Wut, die die Frau eben geäußert hatte, gilt ja nicht nur dem Jesus-Mann, sondern gilt ihrer Berührungserfahrung mit dem Mann überhaupt. Aus dem Handauflegen der Geschichte ist »Handanlegen« geworden. Trauma und viel persönliche Geschichte ist im Raum. Und die Frauen schweigen.

Lange schweige ich mit ihnen. Sollen wir auf dieser ganz persönlichen, intimen Ebene weiterarbeiten? Wie?

Klagen wäre dran. Aussprechen, herausgeben und Klagen hervorbringen, die in innere Befreiung führen könnten. Hätten wir doch eine Tradition von Klagen und Klageweibern unter uns und in uns, statt nur andere anzuklagen oder uns selbst zu verurteilen.

»Wie können wir weiterarbeiten«, fragte ich die Gruppe, »wie können wir unsere Betroffenheit nach außen bringen und klagen, befreiend klagen, ohne dabei wieder in Opferrollen zu verfallen? Können wir das?«

Die Tochter Abrahams

Am folgenden Tag arbeiten wir uns zum Ende der Geschichte hindurch.

»Der Vorsteher der Synagoge aber, unwillig darüber, daß Jesus am Sabbat heilte, begann und sagte zum Volke: Sechs Tage gibt's, an denen man arbeiten soll; an diesen nun kommet und lasset euch heilen und nicht am Sabbattag! Da antwortete ihm der Herr und sprach: Ihr Heuchler, bindet nicht jeder von euch am Sabbat seinen Ochsen oder seinen Esel von der Krippe los und führt ihn zur Tränke? Diese aber, eine Tochter Abrahams, die der Satan, siehe, achtzehn Jahre lang gebunden hielt, mußte sie am Sabbattage nicht von dieser Fessel befreit werden?

Und als er dies sagte, wurden alle seine Widersacher

beschämt; und alles Volk freute sich über alle die herrlichen Dinge, die durch ihn geschahen« (LK 13,14–17).

Manche in der Gruppe freuen sich über die letzten Zeilen der Geschichte. Die Frau ist nun gleichwertig, ja sie ist durch Jesus in die Heilsgeschichte Gottes mit seinem Volk aufgenommen worden, sie ist eine Tochter Abrahams. Eine unerhörte Wende in der Frauengeschichte!

Andere in unserer Gruppe aber sind zornig, auch auf mich. »Da siehst du es mal wieder. Er setzt sie ein. Aber als was? Als Tochter eines Vaters, als Tochter Abrahams. Wieder nur abgeleitet von den Vätern ist die Frau.«

»Wir kommen aus diesem Modell durch die alten Geschichten nicht heraus. Wir müssen diese patriarchalen Erzählungen genauso verlassen, wie wir die Opfer-Verfolger-Retter-Modelle verlassen lernen. Die Tochter Abrahams? Das bin ich nicht.«

»Aber was ist damit getan, alle alten Bilder wegzuwerfen?« entgegnet eine andere. »Bei euch habe ich sowieso den Verdacht, daß ihr ein neues Modell bereit habt, ein Retterinnen-Modell mit Göttinnen und Mutter-Frau-Gottheiten, die nun das alte ersetzen sollen. Aber ihr bleibt damit genauso dem Erlöser-Modell verhaftet.«

»Ist ja Unfug«, sagt die erste, »du hast ja keine Ahnung, was du da sagst. Es ist eine völlig andere Identität, sich einer Frauen-Gottheit gegenüber zu wissen oder in ihr zu sein. Es ist keine Verschiebung des Modells. Es ist eine andere Ebene, ein ganz anderer Raum, der uns Frauen fehlt, um zu unserer wirklichen Identität zu finden. Über Abraham werde ich nicht zur Tochter Gottes.«

»Wie dann?

»Vielleicht über Sara, wenn schon die alten Geschichten, dann über die Frau.«

»Nein«, meint eine andere, »wenn schon, dann über Hagar.«

Die Tochter Saras und Hagars

Nun geschieht Erstaunliches, denn etliche Frauen kennen die Geschichten von Sara nicht, und viele aus der Gruppe haben von Hagar überhaupt noch nichts gehört. Nur Abraham kennen wir alle ganz gut.

»Das ist doch wieder mal typisch«, meint eine, »da kennen wir die Geschichten der alten Männer und Väter in- und auswendig, die Storys der Uraltstammbaum-Männer, aber unsere eigenen Müttergeschichten kennen wir nicht.«

Wir erzählen uns die Geschichten von Sara und Hagar. Es sind keinesfalls nur schöne Erzählungen, denn unsere Stammesmütter, aus dem Patriarchat herkommend, leben ganz schön erschreckende Konkurrenz- und Herrin-Magd-Beziehungen. Keinesfalls also eitel Freude beim Wahrnehmen ihrer Geschichte, die uns in Gespräche zu eigenen Konkurrenzen hineinbewegen.

Aber dann taucht Hagars Geschichte am Ende auf, und da werden die Frauen der Gruppe ganz feurig. Hagar, die ägyptische Magd und Leihmutter für Sara, ihre Herrin, die kein Kind bekommen kann – Hagar flieht vor Sara in die Wüste; denn, so heißt es, Sara behandelte sie hart. Verzweifelt irrt Hagar umher und weiß nicht weiter. Doch da begegnet ihr ein Engel am Wasserquell und sagt ihr, sie sollte zu ihrer Herrin zurückkehren. Fliehen sei kein Weg (Gen 16 und 21). Eine Frau in der Hebräischen Bibel, die einem Engel begegnet?

Später wird Hagar von Sara und Abraham gemeinsam in die Wüste geschickt, sie und ihr Sohn. Verdurstend weiß sie nicht weiter. Sie sieht nichts mehr vor sich und sie kann nicht mehr. Einen Steinwurf weit setzt sie sich ihrem Sohn gegenüber und will nicht mehr leben. Und wieder erscheint ihr Gott in Gestalt eines Engels und gibt ihr, der ägyptischen Frau, die Zusage, daß sie ein großes Volk werden wird! Wasser sieht sie plötzlich in der Wüste, eine Quelle tut sich vor ihren Augen auf. Und sie steht auf und nennt diese Stelle EL ROI. Und EL ROI bedeutet: Du bist Gott, der nach mir schaut; Gott, der mich gesehen hat; Gott, der mich ansieht.

Die Frauen entdecken, daß beide angesehen worden sind, Hagar und die verkrümmte Frau. Sie sind Angesehene bei Gott.

Magnifikat

Erheben richtet auf

In vielen Frauengruppen zu biblischen Geschichten erlebe ich, daß nicht nur die persönliche und soziale Identität zur Sprache kommen will, sondern in der Tiefe die je eigene Identität vor Gott, in Gott: Wer bin ich als Mensch, als Frau, als Tochter Gottes? Immer wieder: Wie kann ich zu mir stehen, für dasjenige einstehen, wofür ich mich begabt und beauftragt weiß? Und: Wer steht zu mir, sieht mich, erkennt mich? Bin ich eine Angesehene bei Gott, eine gesegnete Frau?

Mir fällt auf, daß wir Frauen mit einem solchen Segen weit mehr verbinden als nur soziales und persönliches Angesehensein.

Die Sehnsucht nach dem Segen ist die, sich in einer Gottheit zu wissen, die Raum gibt für den je eigenen Weg, auch für die Irrwege, die Wüstenwege und Umwege. Ein Gott, die und der in den Mut zur wirklichen Eigenständigkeit und Freiheit hineinfördert, auch in die Eigenständigkeit im Glauben. Die biblischen Geschichten können für uns Frauen in diesen Fragen Leitbilder sein.

Diejenigen von uns, die von Kindheit an mit biblischen Texten erzogen worden sind, gehen oftmals durch lang verinnerlichte, bedrückende Deutungen dieser Geschichten hindurch; sie setzen sich auseinander, gehen durch viel Leere und Zweifel.

»Meine Seele macht Gott groß;
und mein Geist jubelt über Gott, mein Heil.
Denn Gott hat die Niedrigkeit seiner Magd angesehen«
(Lk 1,46–48).

Frauen, die mit biblischen Geschichten erzogen worden sind, sind häufig von einem Bild der Maria geprägt worden, die gehorsam, unterwürfig, untertänig als Magd dient. Auch Gott.

Die Geschichte der Niedrigkeit der Maria war für viele von uns eine Abfolge von Erniedrigungen und hat unsere Identität als Mädchen und Frau bestimmt. Indem wir sie genauer ansehen, öffnen sich festgesetzte Bilder. Indem wir uns erlauben, sie bis in unseren Körper hinein zu spüren, können sie sich lösen und werden wir langsam dazu befreit, neuem, nun eigenem Verstehen zu begegnen. Wenn wir mit dem Körper die Worte »Erniedrigung« und »Niedrigkeit« gestalten, erleben und erfassen, entdecken wir die Unterschiede zwischen Demütigung und Demut. Die Geschichten unserer Erniedrigungen bekommen Raum, sich langsam umzuwandeln in den Mut der Demut, die stärkt.

Indem unsere Seele leibhaftig ihre ganz eigene Bewegung und Gebärde findet, Gott groß zu machen – magnificare –, erfahren wir, daß wir im Erheben Gottes uns selbst aufrichten und ermächtigt werden.

Und da wird Maria lebendig.

»Meine Seele macht Gott groß;
und mein Geist jubelt über Gott, mein Heil.
Denn Gott hat die Niedrigkeit seiner Magd angesehen.
Siehe, von nun an werden mich selig preisen alle Kindes-
kinder.
Denn Großes hat mir der Mächtige getan,
und heilig ist sein Name« (Lk 1,46 ff.).

Jesus und die Ehebrecherin

In der Mitte stehen heißt aufrichtig sein

Ich habe lange Zeit nicht gewagt, diese Geschichte in einem Bibliodrama ins Erleben zu bringen. Sie ist zu intim, körperlich wie geistig. Die entstehenden Konflikte und Schmerzen sind vorhersehbar. Die Themen lassen kaum Rollendistanz zur damaligen Zeit zu. Es würde gar nicht zu verhindern sein, daß ganz persönliche Fragen veröffentlicht werden. Und könnte ich das dabei Aufkommende begleiten?

Achtzehn Frauen und Männer kamen zum Bibliodrama, das ich eines Tages anbot. Die meisten Teilnehmerinnen und Teilnehmer sagten, sie seien weniger wegen der Geschichte zur Tagung gekommen, als zur Methode. Sie wollten das Bibliodrama kennenlernen. Einige sagten, sie seien eher trotz dieser Geschichte gekommen. Sie sei ihnen im Grunde zu unheimlich.

Eine jedoch sagt, daß sie eben wegen dieser Geschichte hier sei. »Ich möchte gerne wissen, was mit mir in dieser Woche durch die Geschichte geschieht. Denn ich habe für mein eigenes Leben keine Antwort, noch keine, was Ehebruch betrifft. Ich möchte es wissen.«

Stille. Das Schweigen in der Gruppe spricht für sich.

Einer schlägt vor, daß wir die Geschichte erst einmal lesen sollen.

»Und sie gingen jeder in sein Haus. Jesus aber ging an den Ölberg. Am Morgen jedoch fand er sich wieder im Tempel ein, und alles Volk kam zu ihm, und er setzte sich und lehrte sie.

Da bringen die Schriftgelehrten und die Pharisäer eine Frau, die beim Ehebruch ergriffen worden war, stellen sie in die Mitte und sagen zu ihm: Meister, diese Frau ist auf frischer Tat beim Ehebruch ergriffen worden. Im Gesetz aber hat uns Mose geboten, solche zu steinigen. Was sagst nun du? Das sagten sie aber, um ihn zu versuchen, damit sie ihn anklagen könnten.

Da bückte sich Jesus nieder und schrieb mit dem Finger auf die Erde. Als sie ihn aber beharrlich weiterfragten, richtete er sich auf und sprach zu ihnen: Wer unter euch ohne Sünde ist, werfe den ersten Stein auf sie!

Und er bückte sich wiederum nieder und schrieb auf die Erde. Sie aber gingen, als sie es hörten, einer nach dem anderen hinaus, die Ältesten voran.

Und er blieb allein zurück mit der Frau, die in der Mitte war. Da richtete sich Jesus auf und sagte: Frau, wo sind sie? Hat dich keiner verurteilt? Sie aber sagte: Niemand, Herr! Darauf sprach Jesus: Auch ich verurteile dich nicht; geh, sündige von jetzt an nicht mehr!« (Joh 7,53–8,11).

Bei der Frage, wie die Gruppe die Geschichte jetzt höre, kommt viel Aggression auf. Sie ärgern sich; sie finden es ungerecht, daß nur die Frau bestraft werden soll. »Da waren doch wohl mindestens zwei beteiligt. Wieso wird der Mann nicht aus dem Bett gezerrt, wieso nur die Frau?«

»Dann die Sprache«, sagt eine, »hört doch mal hin! ›Auf frischer Tat beim Ehebruch ertappt!‹ Als wäre es das schlimmste kriminelle Delikt. Wahrscheinlich hat sie den geliebt. Was heißt hier ›ertappt auf frischer Tat‹?«

Eine andere sagt: »Am schlimmsten finde ich ja, daß es gar nicht um sie geht. Sie wird ja nur als Demonstrationsobjekt herbeigezerrt, damit die Männer prüfen, was Jesus dazu sagt, ob er gesetzestreu ist oder nicht. Das Interesse der Männer ist überhaupt nicht die Frau. Alleine aus dem Liebesbett gezerrt, hingestellt als Objekt. Was bleibt ihr denn noch?«

Die Gruppe ergreift eindeutig Partei für die Frau. Der Ehebruch selbst wird erst Thema, als die Theologinnen und Theologen von der Situation der Frauen in damaliger Zeit erzählen und die Gesetzesbücher Mose zitieren.

Die Menschen sind neugierig, wo sie nachlesen können, daß eine Frau wirklich gesteinigt werden soll. Und warum nicht der Mann? Und die Theologen verdeutlichen, daß Ehe und Ehebruch damals keine Privatangelegenheit gewesen sei, sondern eingebunden war in den großen Bund Gottes mit seinem Volk. Wer sich an dem heiligen Gesetz verging, verging sich am Bund Gottes selbst. Daher die harte Strafe, man könne sie nicht als Privataffäre anschauen.

Aufruhr von allen Seiten in der Gruppe. Die theologischen Argumente werden kräftig kommentiert und beschimpft. Sind wir schon mitten in der Geschichte?

Ich lese den Anfang vom Text, diesen belanglos erscheinenden, oft mißachteten Übergangssatz, der zunächst gar nichts mit der Geschichte zu tun zu haben scheint: »Und sie gingen jeder in sein Haus.«

Die Menschen der Gruppe nehmen die Anregung dieses ersten Satzes gern und schnell an. Sie wandern im Raum herum, suchen sich je ihren Ort, bauen sich mit Stühlen und Tischen und Decken ganze Nester. Sie erfahren, was es heißt, in ihr eigenes Haus zu gehen. Eine Frau sagt aus ihrer Ecke, daß sie sich dies eigentlich für die ganze Woche gewünscht habe. Sie komme bei all ihren Aktivitäten so selten wirklich zu sich selbst. Andere erzählen ähnliches aus ihren Häusern.

»Aber«, sagt einer nach einiger Zeit der Stille, »ganz ehrlich gesagt, ich will hier lieber in meinem Häusle bleiben, um mich nicht der Geschichte zu stellen.«

Die Reaktion der ganzen Gruppe zeigt, daß er einen Nerv getroffen hat. Lachend und stöhnend kommen sie aus ihren Einmummelungen hervor, und manche meinen, es sei besser, allein herauszukommen, als herausgezerrt zu werden wie die Frau in der Geschichte. Es stimmt: Die Frau wird aus ihrem Haus herausgezerrt. Die Gruppe teilt mir eindeutig mit, daß sie diese Szene nicht spielen wird.

Wir gehen in den zweiten Satz. »Jesus aber ging an den Ölberg.« Die Menschen nähern sich der Gestalt Jesu, indem sie in seine Bewegung gehen: Jesus, der sich dem Berg nähert, auf den Ölberg geht. Sie gehen in ihre Phantasien hinein, drehen Kreise, steigen hinauf, hinab. Was bedeutet Jesus dieser Ölberg?

»Ich bin gerne hier draußen im Freien. Eigentlich bin ich hier am liebsten. Der Himmel gehört zur Landschaft. Der Himmel ist ein Teil der Erde.«

»Ganz fest bin ich auf der Erde, liebe diesen Berg, der so alt ist, älter als die Menschen, und kann mich ganz dem Himmel öffnen.«

»Ölberg ist der Ort, wo ich beten gehe, wo ich gut allein sein kann, wenn ich das brauche; wenn ich von allen Menschenmassen mich entferne, gehe ich gerne hierher.«

»Ölberg ist, wo ich so viel Sicherheit habe, daß ich mich befragen lassen kann vom Himmel.«

»Am Ölberg schlafe ich draußen.«

»Ölberg wird eines Tages nicht gut sein für mich.«

Die Menschen in der Gruppe gehen fast alle in irgendeine Gebetsform, als sie an ihrem Ölberg angekommen sind. Sie werden leiser, gehen in sich; und es ist zu merken: Sie gehen durch die Rolle Jesu hindurch in ein Gebetsgespräch mit Gott.

»Am Morgen jedoch fand er sich wieder im Tempel ein.« Aus dieser Kraft, das wiederholt sich in ganz vielen Geschichten, geht er in den Tempel. »Und alles Volk kam dazu. Und er setzte sich und lehrte.«

Die Gruppe beschließt bei der Frage, wie wir jetzt weitergehen sollen im Text, das Ganze zu spielen. Es sind erwachsene Menschen, die viel Erfahrungen haben mit Gruppen und sich selbst, und sie sagen: »Wißt ihr, wir müssen es einfach mal spielen, sonst bauen wir unsere Ängste immer mehr auf. Sonst sagen wir uns noch, wir wollen da nicht ergriffen werden, wir wollen dort nicht ertappt werden. Wir pflegen hier unsere Widerstände.« Also Flucht nach vorn? Wir wissen es noch nicht.

Eine Frau ist bereit, die Ehebrecherin zu spielen. Die Gruppe guckt sie an, schweigt, als wäre es bereits die Szene. Schlichtweg weil sie sagt: »Ich spiele diese Frau.«

Eine andere Frau sagt: »Ich versuche den Jesus.« Und der Kontakt ist da zwischen den beiden, wie sie es sagt. Schnell finden sich Pharisäer und Schriftgelehrte; schnell viel Volk. Ungern finden sich Pharisäer und Schriftgelehrte, die die Frau hinzerren. »Also gut, dann probiere ich jetzt mal diese Rolle. Ich mag sie überhaupt nicht, aber dann wage ich auch mal das, was ich nicht mag. Dann gehe ich in diese Rolle, die Frau zu ergreifen.«

»Gut«, sagt ein zweiter Mann, »ich mache mit. Dann stellen wir uns mal zur Verfügung.« Zwei haben sich geopfert. Eine Frau sagt: »Ich möchte gerne eine Jüngerin sein. Ich bin bei dir, Jesus.«

Jesus ist auf dem Ölberg. Die Frau geht hinaus. Nach langer Zeit kommt Jesus mit seiner Jüngerin vom Ölberg zum Tempel. Sie gehen in den Tempel, das Volk kommt, strömt herein. Immer mehr kommen dazu, sie sitzen da und fangen an, Jesus Fragen zu stellen. Sie befragen Jesus zur Liebe: »Erzähl uns etwas von der Liebe.« Jesus sagt: »Erzähl du mir, wie du liebst. Du liebst doch, nicht wahr?« »Ja«, sagt sie, »ich liebe, und es ist schön.« »Dann ist doch alles gut, was soll ich dir erzählen?« »Gibt es noch andere Liebe, als wie ich liebe?« fragte eine andere. »Erzähl mir, wie du liebst«, sagt Jesus.

Sie will anfangen, von ihrer Liebe zu erzählen, da kommen die Männer rein, haben die Frau zwischen sich fest unter ihre Arme genommen, schleppen sie in die Mitte. Das Volk springt teilweise entsetzt auf. Die Frau, die hereingezerrt worden ist, guckt nach unten, sie hängt regelrecht in den beiden Männern drin. Jesus sieht zur Erde. »Hier«, sagen die Männer, »hier ist sie. Sie hat Ehebruch begangen, das darf sie nicht und das weißt du ganz genau, Jesus. Hier ist sie, guck sie an! Guck sie an und sag uns, was du davon hältst! Du weißt, es ist verboten, wir müssen sie steinigen. Was sagst du?«

Jesus guckt zur Erde, die Frau guckt zur Erde. Das ganze Volk starrt die drei an, die da oben stehen. Jesus schaut ganz langsam hoch, stellt sich auf, sieht die Männer an und sagt: »Steinigt sie, wenn ihr ohne Sünde seid.« Sie setzt sich wieder hin, macht Zeichnungen mit ihrem Finger auf die Erde, malt. Die Männer lassen die Frau in ihrer Mitte los, so daß sie fast hinfällt. Sie wackelt, muß sich richtig ins Gleichgewicht bringen, schwankt, zittert in den Knien und steht jetzt allein da. Die Männer gehen raus aus dem Tempel, und etliche vom Volke gehen aufgebracht mit ihnen.

Wie die Frau nun allein dasteht, in der Mitte im Tempel, steht Jesus auf, sieht sie an. Da hebt sie ihr Gesicht und blickt Jesus an. Sagt er zu ihr: »Wie heißt du?« Schweigen.

Die Frau sieht wieder runter. Nach einiger Zeit guckt sie auf, sieht Jesus an und sagt: »Beata.«

»Beata«, sagt Jesus, »du bist die Glückliche. Geh, lebe dein Leben, wie Gott es für dich will. Du bist die Glückliche.«

Beata blickt wieder nach unten, verneigt sich ein wenig und geht langsam aus dem Tempel hinaus. Jesus steht da. Das restliche Volk geht mit der Frau hinaus. Der Tempel ist ganz leer, Jesus steht völlig allein. Sagt die Jüngerin, die noch im Tempel sitzt: »Sind sie alle weg?« »Ja«, sagt Jesus, »sie sind alle weg.« Setzt sich hin zur Jüngerin, und malt wieder in den Sand. »Was malst du da? »Du mußt selbst hinsehen«, sagt Jesus. »Da mußt du selbst hinsehen.«

Dann dreht sie sich um zu mir, der Leiterin, ein weißes, erschrockenes Gesicht, und sagt: »Ich kann nicht mehr.«

Ich muß sie schützen und frage sie, was sie nun braucht. Sie will allein sein oder mit einer Freundin und will spazierengehen, um dies Erlebte zu verarbeiten.

Auch die anderen möchten sich lieber zu zweit und dritt zusammentun und eher dort reden als im Plenum. Schutz und Behutsamkeit sind angesagt, dies beides, und später der Mut, sich zu veröffentlichen.

Wir treffen uns wieder als ganze Gruppe. Die Frau, die Jesus gespielt hat, will noch nicht reden, auch Beata noch nicht.

Die Menschen vom Volk erzählen, sie hätten schlichtweg den Raum, den Tempel verlassen müssen, als Jesus den Pharisäern sagte: »Wer unter euch ohne Sünde ist.« Da hätten sie es hier drinnen nicht mehr ausgehalten. Wer ist ohne Sünde?

Die anderen aus dem Volke waren mit der Frau hinausgegangen. Sie sagen, hier im Tempel sei die Predigt der Liebe geschehen, vor ihren Augen hätten sie die Antwort stehen sehen, und mit der wären sie mitgegangen, hinausgegangen in ihr eigenes Leben.

Die Frau, die Jesus gespielt hat, erzählt, wie die Rolle sie erst eingenommen und dann überwältigt habe: »Ich habe erlebt, daß der Gegenpol zum starren, hohen Gesetz die Erde ist. In den Sand schreiben, für den einen Augenblick jetzt das hinschreiben, was im Moment gilt und nur für den Augenblick. Und als ich aufstand und die Frau ansah und sie mich, da war es wieder der Augenblick, und ich sprach zu ihr, was ich nicht geplant hatte. Es kam. Es kam zu mir. Aber dann ging Beata, und auch das Volk ging, und dies tiefe Alleinsein, das ich bei der Frau gespürt hatte, kam nun über mich selbst, kroch wie über mich. Und da fragt meine Jüngerin: ›Sind sie alle weg?‹ – und da, plötzlich, an diesem Satz, haben mich viel zu viele innere Bilder von Jesus überfallen. Ich sehe, wie sie eines Tages von mir weggehen werden. Es ist Vorwegnahme. Ich sehe, sie werden alle gehn. Und mir wird geschehen, was ihr hier nicht geschieht: Sie werden mich zerren und steinigen. Ich sah so viele Bilder vor mir, als meine Jüngerin fragte: ›Sind sie alle weg?‹ Es war plötzlich alles weg, alle Kraft, alle Einsicht, alle Menschen, alles. Und ich setzte mich nur noch selbst in den Sand.«

Dann erzählt sie uns ein wenig von sich selbst, von der Grenze ihrer eigenen Lebenssituation, in der sie gerade steht. Sie ist Theologin, bildet Studierende aus und sieht sich derzeit damit konfrontiert, daß sie innerlich Wesentliches der kirchlich verfaßten und bekannten Theologie nicht mehr vertreten kann. Sie hat Angst davor, ihre Zweifel zu veröffentlichen, im Aufrichtig-Sein allein gelassen zu werden, preisgegeben der nackten Wahrheit: »Und alle gehen weg.« »Vielleicht ist es diese eigene tiefe Grenze, in der ich mich gerade befinde, die diese inneren Bilder und Abgründe aufgetan hat, als ich Jesus spielte. Aber ich wollte und mußte dann unbedingt heraus aus der Rolle und zu mir, zu meiner eigenen Identität finden, mich abgrenzen von Jesus-Bildern und hinfinden zu meinen jetzigen. Aber es erschüttert mich, daß ich über die Gestalt Jesu noch an ganz andere Dimensionen meiner Grenze gekommen bin.« Sie sitzt immer noch erschrocken da, auch jetzt, im Gespräch der Auswertung, voller Betroffenheit.

Die Frau, die sie »Beata, die Glückliche« genannt hatte, geht zu ihr, nimmt ihre Hände. »Ich möchte dir erzählen, was mit mir geschehen ist. Kannst du es hören? Ich möchte es dir auch schenken, um dir zu danken.«

Die Frau, die Jesus gespielt hatte, nickt. Und da erzählt die andere: »Ich bin verheiratet, und ich liebe noch einen anderen Mann, hörst du? Ich liebe sie beide, zu beiden fühle ich mich hingezogen, das ist meine jetzige Lebens- und Liebessituation. Und ich bin darin wie hin- und hergerissen. Als diese beiden Typen mich ergriffen und mich hierhergebracht haben, da habe ich das ganz deutlich erlebt, was meine jetzige Lebenssituation ist: Ich bin zwischen zwei Männer geraten. Hörst du? Die zerren von beiden Seiten an mir rum, und ich weiß nicht mehr, wer ich bin, ich hänge nur noch drin, mal von dem und mal vom anderen hingezogen. Da hänge ich drin, und das ist keine

Lösung. Und als die plötzlich weggingen, fing ich an zu wackeln, denn das ist es: Ich habe meine Identität zwischen den beiden verloren und hänge nur noch wackelig und zittrig in mir selbst. Dann aber hast du mich nach meinem Namen gefragt, und da kam Kraft in mich hinein. Du hast nach mir und meiner Identität gefragt, nach meinem Namen. Und da wußte ich: Ich will wieder ich selbst werden. Ich war plötzlich ganz ruhig. Es war, als hättest du mich eingesegnet in mein eigenes Leben.«

Wir sind lange still. Randvoll ist die Atmosphäre mit angerührten eigenen Themen und mit den Aussagen der Jesus-Frau, die seiner Gestalt begegnet war.

Dann sagt eine der Frauen: »Im Text heißt es: ›Und er blieb allein zurück mit der Frau, die in der Mitte war‹ – und das höre ich jetzt neu nach diesem Spiel und jetzt nach eurem Erzählen. In der Mitte geschieht die Umwandlung.«

»Ja«, sagt der Mann, der einen Pharisäer gespielt hatte, »vorher haben wir sie in die Mitte reingeschleppt, zum Mittelpunkt gemacht. Und nun wird sie in der Begegnung in ihre eigene Mitte gestellt, kommt in ihre eigene Mitte wieder hinein.«

»Und du?« frage ich ihn.

Die folgenden Tage diese Bibliodramas galten »nur noch« der Bearbeitung dieses einen Spieles. Auf der biographischen Ebene, auf der der Gruppe, auf der sozialen Ebene, auf der religiösen, auf der katholisch-evangelischen – die Gespräche der ganzen Woche waren durch dieses erste Spiel initiiert. Und außerdem wollten sie nach diesem Erlebnis nicht wieder spielen.

Die Geschichte
der blutfließenden Frau

Aufstand für das eigene Leben

Eine andere Geschichte, die lange ebensowenig beachtet, veröffentlicht, geschweige denn gepredigt wurde wie die von der gekrümmten Frau, ist die der blutfließenden Frau. Allein dieses Wort auszusprechen war vor ein paar Jahren noch zuviel. Tabu-Thema: Die Frauen und ihr Blut, auslaufende Frau, ausfließende Frau. Die im Kontakt mit Jesus – daß so etwas überhaupt in der Bibel steht!

»Und als Jesus im Schiffe wieder an das jenseitige Ufer hinübergefahren war, versammelte sich viel Volk bei ihm; und er war am See. Da kommt einer der Vorsteher der Synagoge mit Namen Jairus; und wie er ihn erblickt, wirft er sich ihm zu Füßen und bittet ihn inständig: Mein Töchterlein liegt in den letzten Zügen; komm und lege ihr die Hände auf, damit sie gerettet wird und am Leben bleibt. Da ging er mit ihm; und es folgte ihm viel Volk nach, und sie umdrängten ihn.

Und es war eine Frau, die litt zwölf Jahre am Blutfluß, und sie hatte viel durchgemacht mit vielen Ärzten und all ihr Gut aufgewendet, und es hatte ihr nichts geholfen, sondern es war vielmehr schlimmer mit ihr geworden. Als sie von Jesus gehört hatte, kam sie unter dem Volke von hinten herzu und rührte sein Kleid an. Denn sie sagte: Wenn ich auch nur seine Kleider anrühre, werde ich gesund werden. Und alsbald versiegte der Quell ihres Blutes, und sie spürte es am Leibe, daß sie von ihrer Qual geheilt war.

Und alsbald spürte Jesus an sich selbst, daß eine Kraft

von ihm ausgegangen war, wandte sich unter dem Volke um und sagte: Wer hat meine Kleider angerührt? Und seine Jünger sagten zu ihm: Du siehst, wie das Volk dich umdrängt, und sagst: Wer hat mich angerührt? Und er blickte umher, um die zu sehen, welche dies getan hatte. Die Frau aber kam mit Furcht und Zittern, weil sie wußte, was ihr geschehen war, warf sich vor ihm nieder und sagte ihm die ganze Wahrheit. Er aber sprach zu ihr: Meine Tochter, dein Glaube hat dich gerettet. Geh hin in Frieden und sei von deiner Qual gesund.

Während er noch redet, kommen die Leute des Vorstehers der Synagoge und sagen: Deine Tochter ist gestorben. Was bemühst du den Meister noch? Jesus aber achtete nicht auf das Wort, das gesprochen wurde, und sagte zu dem Vorsteher der Synagoge: Fürchte dich nicht, glaube nur! Und er ließ niemanden mit sich gehen außer Petrus und Jakobus und Johannes, den Bruder des Jakobus. Und sie kommen in das Haus des Vorstehers der Synagoge, und er nimmt den Lärm wahr und Leute, die weinen und laut klagen. Und er geht hinein und sagt zu ihnen: Was lärmt und weint ihr? Das Kind ist nicht gestorben, sondern es schläft! Und sie verlachten ihn.

Er aber treibt alle hinaus. nimmt des Kindes Vater und Mutter und seine Begleiter mit sich und geht in das Gemach hinein, wo das Kind war. Und ergreift des Kindes Hand und sagt zu ihm: Talitha kumi, Mädchen, ich sage dir, steh auf! Da stand das Mädchen sogleich auf und ging umher, es war nämlich zwölf Jahre alt. Und sie gerieten alsbald in großes Staunen. Und er gebot ihnen ernstlich, daß niemand dies erfahren solle, und befahl, ihr zu essen zu geben« (Mk 5,21–43).

Zu neuen Ufern

Frauen und Männer sind zu dieser Gruppe gekommen. Sie kommen aus unterschiedlichen Berufen; manche sind nicht erwerbstätig. Altersmäßig sind sie zwischen 30 und 50 Jahren. Alle sind erfreut, vier Tage für die Geschichte und sich selbst Zeit zu haben.

Die Geschichte beginnt damit, daß Jesus an ein anderes Ufer fährt, im Schiff ist. Und drüben erwartet ihn viel Volk.

Die Gruppe begibt sich in die Anfangssituation, erzählt sich, was es für sie bedeutet, von einem Ufer zum anderen zu fahren, eines zu verlassen, hinübergeleitet, hinübergeschifft zu werden: zu neuen Ufern! Wasser, das ermöglicht, zurückzublicken auf das Vergangene und langsam hinzuschauen auf das, was eine, was einen neu erwartet.

Die Gruppe begibt sich in die Phantasie ihres Jesusbildes während der Fahrt. Viel hatte er erlebt, eine Dämonenaustreibung; ins Meer waren die Schweine gelaufen, als die Dämonen in sie fuhren; und der Besessene war frei.

Nun fahren wir fort, hinüber in eine andere Gegend und Situation. In der Gruppe bei allen ein Jesus, der noch nicht bereit ist, schon wieder zu neuen Ufern zu fahren; einer, der noch verarbeitet, auch zweifelt; einer, der erschöpft ist und sich vor der neuen Situation scheut.

Die Menschen kommen häufig zu den Kursen derartig überlastet und erschöpft an, daß sie gern in Phantasien des Erschöpftseins hineingehen, wenn sich vom Text her die Gelegenheit dazu bietet. Wer in unserem Kulturkreis ist nicht reizüberflutet, überfrachtet, erschöpft? Die meisten Menschen, die auf eine Tagung gehen, wollen endlich einmal zur Ruhe kommen, ihren sonstigen Alltag verlassen, endlich mal allein sein.

Manchmal kommt es mir vor, als bräuchten die Menschen eher gute Körperarbeit und Meditation als ein Bibliodrama. Aber es zeigt sich, daß sie sich holen, was sie brauchen, und daß ihnen die Geschichten Raum geben.

Jesus also sitzt erschöpft im Schiff und will sich auf keinen Fall schon wieder auf neue Aufgaben einlassen. Wenn das das neue Ufer sein soll...! »Mein Gott, nicht schon wieder Menschen«, sagt einer in seiner Phantasie von Jesus. Und vielleicht sagt er damit gar nicht nur etwas von sich selbst. Kann es nicht sein, daß diese müden Jesus-Identifikationen durchaus ein Recht haben, ein Licht auf die wirkliche Jesusgestalt zu werfen?

Nicht der große Guru und der immer bereite Geber, sondern manchmal auch ein müder, matter, erschöpfter Mann. Was tun wir Jesus und uns selbst an, wenn wir ihn nie aus seinen immerwährenden Aktivitäten entlassen? Ein noch müder Jesus also und ein Volk, das viel zuviel ist. Das ist das kommende Thema.

Viel zuviel und das heilende Stop

Erste Szene:

Jesus kommt an Land. Viele Menschen aus der Gruppe spielen das Volk. Sie haben ihn schon kommen sehen, erwartet, umringen ihn. »Endlich bist du da! Phantastisch! Wir haben schon so viel von dir gehört. Jetzt fang mal an zu erzählen!« »Stimmt das wirklich mit den Schweinen, was du da drüben erlebt hast?« »Stimmt das, daß du da drüben jemanden geheilt hast?« »Stimmt es, was du in Jerusalem gesagt hast, du würdest den Tempel abreißen und in drei Tagen wieder aufbauen?«

Die Menschen kommen sofort mit ihren Fragen, umdrängen ihn. Der Jesus, der die Szene spielt, weiß gar nicht, was er tun soll. Hier kommt eine Frage, da kommt ein Thema. Er wird in die Mangel genommen, umringt und, wie es im Text heißt: umdrängt. Da kommt einer und sagt: »Halt!« Er wirft sich ihm zu Füßen, ergreift sie und sagt: »Bleib bitte stehen! Du mußt jetzt stehenbleiben!«

Das Volk redet weiter: »Komm, Jesus, erzähl doch mal,

wie ist das denn gewesen, als du diesen einen geheilt hast mit der verdorrten Hand? Ich habe auch eine Hand, die nicht mehr gut ist. Vielleicht könntest du mir jetzt zeigen, wie man das heilt. Vielleicht kannst du das sogar heilen?« »Ich möchte gerne von dir wissen, was du von der Liebe hältst?« Der sich zu seinen Füßen hingeworfen hat und seine Füße festhält, sagt: »Bleib. Wende dich hierhin! Meine Tochter stirbt! Ich kann nicht mehr! Meine Tochter stirbt! Ich bin hier für meine Tochter! Meine Tochter darf nicht sterben. Das Leben ist furchtbar, wenn meine Tochter stirbt! Geh nicht weg, komm mit mir nach Haus!«

Jesus bückt sich, hebt ihn zu sich auf, sagt: »Ja, ich komme. Ich komme schon«, und während er dies sagt, zieht von hinten eine Frau an seinen Kleidern. Er merkt es, dreht sich um. »Wer war das?«

»Wenn du mir doch von der Heilung weiter erzählen würdest! Du hast überhaupt nicht geantwortet auf die verdorrte Hand!« rufen die aus dem Volk. »Und du hast noch immer nichts erzählt von der Liebe!« »Ständig werden wir vom Volk nicht gehört.« »Ja«, rief eine, »wir als Volk gelten eben nichts!«

Jesus: »Wer war das?«

Der Mann, der den Jairus gespielt hat, tritt zurück. Die Frau kommt von hinten hervor, stellt sich auf, stellt sich vor ihn hin: »Ich war das.«

Die beiden sehen sich lange an.

»Was hast du mir da weggenommen?«

»Was ich brauchte.«

»Was hast du gebraucht?« fragt er.

»Daß es aufhört.«

Alle sind still.

Unaufhörlich

Wir hatten verabredet, erst einmal nur bis zu dieser Szene zu spielen. Ich bitte die Teilnehmer, aus ihren Rollen herauszugehen und ihre eigenen Namen, ihre eigene Person zu sein. Was war eben wichtig, was ist passiert?

»Ich bin nur sprachlos«, sagt der, der Jairus gespielt hat. »Ich bin nur sprachlos. Die ist einfach gekommen. Die ist einfach gekommen und stand dann da, und ich war weg. Es gab mich nicht mehr. Ich war doch zu dir gekommen! Ich habe mich zu deinen Füßen geworfen!«

»Ja«, sagt der, der Jesus gespielt hat, »und ich war dir sehr dankbar. Guck mal, dies ganze Volk, die alle was wollten. Die eine eine Predigt, die nächste eine Heilung. Wo soll ich denn anfangen? Wo soll ich denn aufhören? Es war doch viel zuviel. Ein Thema über dem nächsten. Ich bin froh, daß du gekommen bist. Du hast dich mir zu Füßen geworfen. Das mochte ich erst nicht, aber ich stand wieder ganz fest auf der Erde, als du dich da auf die Erde geworfen hast. Ich wollte mit dir gehen. Ich gebe zu, ich wollte auch deshalb mitgehen, um hier wegzukommen. Ich wollte nicht nur mitgehen, ich wollte auch weggehen.«

»Aber, das war doch nichts! Du hast dich überhaupt nicht für mich eingesetzt! Du wolltest mitgehen, und dann kommt die da und holt sich alles, und ich stehe da und seh, wie die sich vor dich hinstellt, wie sie sich vor dir aufbaut! Und sich einfach das Ganze holt, die ganze Heilung! Was sie braucht! Ich habe dich auch gebraucht!«

Die Menschen spielen die Szene weiter, obwohl sie aus ihr herausgegangen sind. Sie sind nicht aufzuhalten. Aber so ist auch die Geschichte!

Der Stillstand

»Ich kann nicht von vorn kommen«, sagt die Frau. »Seit zwölf Jahren läuft mein ganzes Leben aus. Der seit zwölf Jahren ihr Leben ausläuft, die kann nicht von vorn kommen und anklopfen. Die wagt sich nur von hinten heran. Und ich habe erlebt, daß eine Kraft da war. Und die Kraft, die da war, brachte mich zum Stillstand. Mein Blut war still. Ich war still. Und dann konnte ich nach vorn gehen. Und dann konnte ich es ihm sagen. Und dann waren alle still. Alles war still, alles hörte auf, alles war still.«

»Das ist doch gar nicht wahr!« sagt Jairus. »Wer hat ihn denn zum Stillstand gebracht? Ich doch wohl! Ich habe mich dahin geworfen und habe gesagt: Halt! Komm jetzt mit zu meiner sterbenden Tochter! Und was machst du? Du holst es dir einfach!« »Ja, es wurde still, es hörte auf«, sagt die Frau, »und jetzt lebe ich.« »Und meine Tochter ist wahrscheinlich gestorben!«

Wer hat den Stillstand gebracht? Die Frage ist im Raum. Das Volk war nicht der Stillstand. Mit seinen umdrängenden, ausufernden Fragen kam es in der Dynamik eher der Krankheit der ausfließenden Frau gleich. Das »Stop!« kam durch Jairus. Sein Einhalt ermöglichte Jesus, aus dem bedrängenden Chaos herauszugehen und sich wieder zu konzentrieren, wieder in seine Kraft zu kommen. Und eben dies war der Wunsch der ausfließenden Frau gewesen, die sich in der Berührung die Kraft der Konzentration, des Einhalts, des Stops holte. Aus den Rhythmen war sie geflossen. Das jahrelange unaufhörliche Auslaufen ließ sie nicht in ihre Rhythmen und Zyklen kommen. Der Pol fehlte ihr, der Einhalt, Stillstand.

Einmal mit Jesus in Verbindung gekommen, geht sie mitten in dieses Kraftfeld von zentriertem Einhalt hinein und holt es sich für sich selbst. Es breitet sich aus, wird Aufhören, Stillstand. Und dieser nun weitet sich selbst auf das Volk aus. Heilend für das Volk, die Frau, Jesus.

Und todbringend für die Tochter des Jairus. Während die Heilung der Blutfließenden geschieht, kommen Menschen aus dem Hause des Jairus und sagen: »Deine Tochter ist tot. Bemühe den Meister nicht mehr.«

An diesem Punkt unserer Gruppenreflexion über das Spiel tritt Jairus wieder in seine Rolle ein. »Ist doch klar«, sagt er, »wenn Jesus gleich mitgegangen wäre, wäre noch was zu machen gewesen. Aber so ist die Frau dazwischengegangen, ist schlichtweg dazwischengekommen und hat sich die Heilung geholt. Ihr Stillstand ist ihre Heilung und der Tod meiner Tochter.«

Er sinkt in sich zusammen.

Die Frau und der Vater

Nun ergreift die Gruppe Partei. Etliche setzen sich für die Frau ein, die vormals die Blutflüssige gewesen war. Andere für Jairus. Ich probiere in den Tumult eine Gestaltung zu setzen und bitte diejenigen, die sich der Frau nahe wissen, sich zu ihr zu stellen, ganz körperlich sich zu ihr zu stellen; und die von der Gruppe, die sich dem Jairus verbunden fühlen, mögen sich eben zu ihm stellen oder setzen.

Die zu der Frauen stehen, erzählen, was es bedeutet, aus den Rhythmen zu laufen, schon gar in der damaligen Zeit. Menstruierende Frauen galten als unrein. Wie hat wohl eine gelebt, die nicht aufhörte zu bluten? Bei den unterschiedlichsten Ärzten soll sie gewesen sein, heißt es im Text, doch es sei nur schlimmer geworden. Unaufhörliche körperliche und seelische Leiden, wenn die Rhythmen nicht mehr stimmen, wenn es nur noch ausfließt, das Leben, ein einziger überschwemmender Fluß, der nicht mehr in den Gesetzen des Meeres ist, in den Gezeiten, im Gesetz der Natur. Ein Fluß ohne Ufer.

Die Menschen, die sich um Jairus scharen, erzählen, welche Grenze sie als Synagogenvorsteher übersprungen haben, als sie sich dem Rabbi Jesus vor die Füße warfen, um für seine Tochter zu bitten. »Meine Tochter ist doch mein Leben.«

»Du hast das gar nicht für deine Tochter getan«, ruft eine Frau aus der Gruppe derer um die geheilte Frau, »du hast es doch nur für dich selbst getan, wenn du sagst, deine Tochter sei dein Leben.«

Jairus ist stumm.

Frau werden

Das Spiel des zweiten Teiles: Jesus geht mit Jairus in sein Haus. Menschen drum herum.

»Hat doch keinen Sinn mehr, hör doch auf, die ist doch längst tot!« »Hör nicht hin, Jairus. Komm mit.« Im Haus laute Stimmen. »Sie ist nicht tot, glaub nicht dran, sie schläft nur. Hör nicht auf die Klagen. Denk dran, sie schläft nur. Denk nicht, sie ist tot.«

Jesus geht mit Jairus in das Zimmer, wo das Mädchen liegt. Einige Jünger sind dabei und die Mutter. Jesus wirft vorher noch alle die raus, die weinen und klagen.

Es ist still. Er geht zu dem Mädchen, kniet sich hin und legt ihr die Hand auf. Lange. Dann sagt er: »Steh auf!«

Das Mädchen steht auf, blickt um sich, guckt in die Gruppe um sich her und geht zu der Frau, die vorher die Blutfließende war. Die beiden Frauen sehen sich an. Da nimmt die Mädchen-Frau die vormals Blutfließende mit sich und geht zu ihren Eltern und sagt: »Seht, seht!«

Jesus sagt: »Gebt ihnen zu essen.«

Und dann beschließen sie die Szene.

Was war passiert? Das junge Mädchen, im zarten Alter von zwölf, hatte die zwölf Jahre von der blutfließenden Frau aufgenommen. Sie hatte ihre Geschichte gehört und immer diese Zahl durch sich hindurchgehen lassen, bis ihr klar war: Ich werde jetzt eine junge Frau. Mein Thema heißt: »in den Blutfluß kommen«, und ich möchte es. Ich möchte eine junge Frau werden. Und als sie die Hand auf ihrem Leib spürte, da konnte sie aufstehen und ging zu der anderen Frau. Sie sagte: »Ich dachte, mein Vater will noch nicht, daß ich Frau werde. Aber wenn ich dich mit nach Hause bringe, dann werden sie sehen, daß das jetzt dran ist: Frau zu werden und nicht mehr Tochter zu sein.«

Der den Jairus gespielt hat, sagt: »Als ich sah, wie meine Tochter zu der Frau ging, blieb mir fast das Herz stehen. Ich freute mich so sehr, daß sie tatsächlich auferweckt wird. Und ich dachte: Jetzt geschieht's wie in der Geschichte; sie kommt wirklich wieder zu uns, lebendig, unser Kind, unser Mädchen; wir werden ihr zu essen geben, und ich bin glücklich.

Sie war nicht tot, aber sie ging nicht zu mir. Ich wurde noch einmal verlassen. Sie ging wirklich zu der Frau. Und erst als ich die beiden sah, fing es in mir zu dämmern an: Ich muß sie gehen lassen. Ich muß meine Tochter gehen lassen, damit sie Frau wird. Und ganz langsam geht mir auf, daß ich diese Lektion schon bekommen hatte, als sich die Frau vorhin dazwischengestellt hat, so daß meine Tochter starb. Kann es sein, daß meine Tochter sterben muß – in mir? Ich ahne, daß es ihr Thema ist, zur Frau zu gehen, um selbst Frau zu werden, und nicht zu mir, dem Vater.«

Das Blut

Vom Mädchen zur jungen Frau werden. Und eine Frau, die zwölf Jahre nicht hat lieben können, weil sie ausgeflossen ist, kommt mit einer zusammen, die diese Liebe noch nicht kennt. Und die Frau-Sein noch nicht kennt.

Das Spiel initiiert viele Gespräche über Rhythmen, Blut und Frau-Sein. Die meisten Frauen sind so erzogen, daß man darüber nicht spricht, daß man es versteckt, im Verborgenen behandelt, aber nicht öffentlich darüber spricht.

So auch das Verhalten der Blutfließenden in unserer Geschichte. Entsprechend haben Frauen häufig intime Verletzungsgeschichten mit ihrem Blut.

Es ist eine sehr scheue Atmosphäre, wenn Frauen davon erzählen. Vor allem, wenn Männer dabei sind. Ich bitte die Männer, für sich zusammenzusitzen. Denn auch für sie ist es ein – vermute ich mal – nicht gerade einfaches Thema, daß Frauen auf natürliche Weise bluten, während sie Blut nur sehen, wenn es eine Wunde ist.

Das Blut, Sitz der Seele bei den Hebräern; und wir Christen, die Jesu vergossenes Blut verherrlichen und gleichzeitig das natürlich sich ergießende Blut der Frau tabuisieren. Die Verherrlichung der Wunde und eine Verdrängung des Natürlichen. Hier sitzen ganz tiefe, innige Fragen. Und die Gruppe nimmt sich Zeit.

Lebendige Rhythmen

In unserer Gruppe gibt es später noch ein Gespräch mit dem Jesus, der die Geschichte des Blutes der Frauen erlebt hat.

Er schweigt, als es zur Frage nach seinem eigenen Blut kommt, das vergossen werden wird. »Es ist nicht meine Zeit«, sagt er. »Und was zwanzig Kapitel später geschieht, ist jetzt noch nicht die Zeit.«

»Vielleicht haben wir Männer auch eine Zeit«, bemerkt einer, »wenn er sagt: ›Es war nicht meine Zeit!‹«

Wir nehmen es ernst. Wir wissen, daß auch Männer die Gezeiten ihres Energiestromes spüren, wenn sie sich darauf einlassen, ohne daß sie diese Gezeiten so sichtbar haben wie wir Frauen. Was heißt das für die Männer, daß es auch für sie Zeiten gibt und Rhythmen? Welche gibt es?

Das sind Themen, die die Männer unserer Gruppe für sich besprechen. Themen für uns Frauen. Sie kommen am Ende dieses Tages im Plenum zusammen, wo die politische

Frage auftaucht: Was ist mit den Rhythmen in unserer Kultur? Was ist denn mit unseren Rhythmen in einer Fortschrittsgesellschaft, die den alleinigen Wert darin kennt, daß es immer weiter nach vorne geht oder immer weiter nach oben? Und die nicht zurücktreten kann?

»Ja«, sagen die Frauen, »Jairus ist fast ein Vorbild des Zurücktretenden. Indem er zurücktrat, konnte die Frau nach vorne kommen und Frau werden. Und indem er sich vom Vater-Sein verabschiedete, konnte auch seine Tochter zur Frau werden.«

Was könnte entstehen, wenn wir rhythmischer dächten entsprechend unserer Natur, auch für eine ganze Gesellschaftsform? Den anderen Platz geben, Raum geben. Bereit sein, in eine andere Phase einzutreten. Kennen wir, um in einen solchen Rhythmus hineinzureifen, das heilige Stop, die Heiligung des Stillstandes, die Stille und das »Nur«-Dasein?

Und es zeigt sich, daß der Anfang der Geschichte einen Hinweis auf das Ganze gibt: Da ist einer, der von einem Ufer zum nächsten fährt.

Dann: der Fluß, der keiner ist, ohne das Feste des Ufers.

Die ausfließende Frau, die den Halt eines festen neuen Ufers braucht.

Der festhaltende Vater, der gehen lassen, laufen lassen muß, um dem neuen Fluß Raum zu geben.

Das Feste, das das Fließende braucht, das Fließende das Feste.

Und einer, von dem es am Anfang heißt: »Und er war am See.«

Die Heilung des blinden Bartimäus

Aufstehen heißt den eigenen Weg sehen

»Und sie kamen nach Jericho. Und als er und seine Jünger und viel Volk von Jericho hinwegzogen, saß der Sohn des Timäus, Bartimäus, ein blinder Bettler, am Wege.

Als der hörte, daß es Jesus der Nazarener sei, fing er an zu schreien: Sohn Davids, Jesus, erbarme dich meiner! Und es bedrohten ihn viele, er solle schweigen; er schrie jedoch noch viel mehr: Sohn Davids, Jesus, erbarme dich meiner!

Und Jesus stand still und sagte: Rufet ihn!

Und sie rufen den Blinden und sagen zu ihm: Sei getrost, steh auf; er ruft dich! Der aber warf seinen Mantel ab, sprang auf und kam zu Jesus. Und Jesus begann und sprach zu ihm: Was willst du, daß ich dir tun soll? Der Blinde aber sagte zu ihm: Rabbuni, daß ich wieder sehen kann. Da sprach Jesus zu ihm: Geh hin; dein Glaube hat dich gerettet. Und alsbald sah er wieder und folgte ihm auf dem Wege nach« (Mk 10,46–52).

Eine Gruppe, die eine Heilungsgeschichte als Bibliodrama erleben wollte, wählte sich diese Geschichte selbst aus. Sie fanden, daß hier viel geschehe, daß die Bewegungen zwischen Kommen und Gehen, Aufstehen, Springen, Schreien und Rufen wie Stillesein eine dynamische Heilungsgeschichte darstellen. Und der nun wollten sie sich zuwenden.

Leichter gesagt als getan

Anders wird es nun, wenn wir selbst in die Geschichte hineingehen. Die Bewegung des Hin- und Hergehens, des Hin- und Fortziehens am Anfang fällt nicht schwer; aber sich als bettelnder Mensch an den Weg setzen, sich in einen Blinden einfühlen und nur die Bewegungen der anderen hören? Kaum eine oder einer aus der Gruppe, die diese erste Szene auch nur annähernd wagen will.

Eine Teilnehmerin, die den Mut aufbringt, sich mit geschlossenen Augen hinzusetzen, erlebt, wie die Menschen an ihr vorbeiziehen. Sie berichtet später, daß sie keinen Ton herausgebracht hätte. Die Zunge wäre ihr förmlich klebengeblieben vor Erschrecken, diese Geräusche der Vorbeigehenden zu hören: Schritte, Schuhe, Kleiderrascheln, sprechende, vorübergehende, vorbeiziehende Menschen. Sie spürte förmlich, daß sie nicht gesehen würde, und konnte selbst auch nicht sehen. Verurteilt fühlte sie sich, sitzenzubleiben, nicht vom Fleck zu kommen und gleichzeitig zu erfahren, wie andere ihrer Wege gehen.

Die Menschen der Gruppe verdeutlichen sich, was es in damaliger Zeit bedeutete, ein Bettler zu sein. Schlichtweg darauf angewiesen waren sie, irgendwo am Stadtrand oder am Weg für sich selbst etwas zu erbitten, zu erbetteln.

Die Gruppe meint, sie hätte sich mit dieser Geschichte übernommen, sie würden überhaupt jetzt erst mitbekommen, was da im Text stehe, jetzt, wo sie sie spielen sollten und nicht können. Und auch nicht wollen. Auch die wenigen Frauen und Männer, die sich in die allererste Gebärde hineingewagt hatten, überhaupt mit geschlossenen Augen dazusitzen, während andere vorübergehen, auch die meinen nun, weiter könnten und wollten sie nicht gehen. Denn hier im Text heiße es ja, daß Bartimäus bettle, ja daß er den anderen und Jesus laut nachschreie. Diese Begebenheit wollen sie nicht nacherleben. Sie verbinden sie mit Demütigung, mit Nachlaufen, mit In-die-Knie-Gehen.

Bitten, betteln

Welche Erfahrungen haben denn wir selbst gemacht mit Bitten oder auch Betteln, daß es uns so schwerfällt, auch nur für drei Minuten in diese Haltung hineinzugehen?

Einer erzählt aus der Nachkriegszeit. Da, wo nichts mehr war, was lebensnotwendig gebraucht wurde, da hatte er den Mut, bitten und auch betteln zu gehen. Für seine Familie.

»Ja«, sagt eine Frau, »für die Familie. Aber für mich selbst könnte ich nicht betteln. Und schon gar nicht ›Erbarme dich meiner‹ rufen. Es ist doch schon erniedrigend genug, so da sitzen zu müssen. Wenn doch Jesus wenigstens stehengeblieben wäre, sich ihm zugewandt hätte; aber nein, er geht weiter. Und dann noch schreien: Erbarme dich meiner! – nicht mit mir.«

Die Gruppe ist still. Erinnerungen werden wach, wohl an vergebliches Bitten, die sie verstummen lassen. Ich mag nicht die so wichtigen Widerstände der Gruppe überspringen, möchte bei ihnen bleiben und doch gleichzeitig etwas finden, was sie in diesem Widerstand weiterbringt.

Nicht reden also. Ich frage die Gruppe, ob sie sich vorstellen können, ohne Worte und mit geschlossenen Augen dazusitzen, alle gleichzeitig im Raum zu sitzen wie der Bettler – und mit unseren Händen eine Geste, eine Gebärde zu finden, die unsere Bitte ausdrückt.

Sie wollen sich in diese schweigende Gestalt hineinbegeben. Aber die Gestalt schweigt nicht. Die sich öffnenden, nach einer Gebärde tastenden Hände der Menschen sprechen bis in die Fingerspitzen hinein ihre Geschichten, bringen sie durch die offenen Hände zu ihnen heran. So, daß eine Frau später meint, eben deshalb wolle sie den Bartimäus auf keinen Fall spielen, jetzt eben habe sie erfahren, wo ihr Widerstand liege. »Ich habe meine Hände ausgestreckt und habe genau erlebt, daß nichts reinkommt. Ich bleibe sitzen mit meinen ausgestreckten Händen. Ich rufe mit den Händen, ich recke, strecke, verrenke mich – und es kommt nichts. Warum nun noch schreien? Ich habe vierzig Jahre damit gelebt, nicht mehr nachzuschreien.« Sie sieht nach unten.

»Wie alt bist du denn, wenn du die Hände so ausstreckst?«

»Vier.«

Schreiende Abhängigkeit

Die Menschen tauschen sich in kleinen Gruppen über ihre Erlebnisse mit den offenen, ausgestreckten Händen aus, erzählen davon auch später im Plenum. Diese kleine Geste ohne Worte brachte sie in Erfahrungen, wo sie noch ohne Worte waren, sehr frühe Erlebnisse, und sie erzählen, daß ja auch Schreie zu ganz frühen Eindrücken gehören. Schreiende, bittende, bettelnde Hände und Stimmen.

Eine Frau erzählt, sie habe entdeckt, daß sie immer auf etwas Bestimmtes warte, daß ihre Hände nur für dies eine offen wären, sie sei völlig fixiert darauf.

Allen wird klar, daß ein Bettler am Weg wie ein kleines, abhängiges, ausgeliefertes Kind dasitzt. Und manche finden Jesus nun noch unbarmherziger und gräßlicher, daß er nicht das Mitleid aufbringt und zu ihm hingeht, ihn aufhebt.

»Wenn ich mir vorstelle, ich strecke blind meine Hände aus, und der kommt nicht, sondern sagt zu anderen, ich solle kommen, das ist ja noch furchtbarer als nur das Bitten selbst«, meint einer. Und ein anderer: »Es ist wahr, Jesus behandelt Bartimäus nicht wie ein Kind. Aber vielleicht liegt hier eines der Geheimnisse der Geschichte, daß Bartimäus von Jesus nicht wie ein ausgelieferter Bettler behandelt wird.«

»Du meinst, er mußte auf diese Weise lernen, daß er selbst zu ihm kommen kann?«

»Vielleicht, aber in jedem Fall mußte er erst mal seine Not herausschreien, sich Gehör verschaffen.«

Der stumme Schrei

Im Text steht, daß Bartimäus laut geschrien habe: Sohn Davids, erbarme dich meiner. Die Menge um ihn herum bedroht ihn, er solle schweigen, er aber schreit noch lauter. Ganz schön aktiv, meint die Gruppe. »Der hat das, was in ihm ist, wirklich herausgerufen, er ist herausgekommen aus sich.«

Bei der Frage, wie es mit unserem eigenen Schreien bestellt sei, verstummen wir. In unserem Kulturkreis ist das Leben ab einer bestimmten Lautstärke nicht mehr akzeptabel, nicht mehr sozial. Uns wird deutlich, daß wir viel eher Geschichten von Stummen und Stillen erarbeiten können als diese, die uns so gereizt hatte. Ekstatisch, verzweifelt, anklagend schreien – und dann auch noch ein: Kyrie eleison?

Die Gruppe erzählt sich, daß unsere wohlerzogene bürgerliche Art eher gedämpfte Klagelieder kennt. Und auch die neueren gottesdienstlichen Versuche, über Taizé-Gesänge, Klagen laut werden zu lassen, bringen nicht die wirkliche innere Verzweiflung, den Zorn und den schreienden Willen heraus. Bis hinein in unsere Gruppe hier sind wir ein klageschrei-gedämpftes Völkchen. Außer auf dem Fußballplatz!

Fast wären wir depressiv geworden über unseren leisen Klagen wegen der Unfähigkeit zu klagen und zu schreien. Und zu Recht kommt die beklommene Trauer in einigen hoch, die die erlaubten Schreie aus dem Dritten Reich und die entsetzten aus Kriegen kennen. Aber dann wurde uns klar, daß es zunächst um Stimme und Herausrufen überhaupt geht.

»Wir kennen ja auch kaum überschäumende Fröhlich-

keit«, sagt eine, »da wird frau sofort als hysterisch angeklagt. Hier und vor allem in den Kirchen muß es doch
immer hübsch ausgewogen, gedämpft, sittsam zugehen.
Und dann wird's eben eintönig, monoton.«

Die Kraft unserer Stimme

Wir beschließen, unsere Stimme zu entdecken; nicht unbedingt das Schreien zu üben, sondern überhaupt erst einmal
die Kraft unserer Töne und Stimmen zu erschließen. Wo ist
ein dafür offener Raum, der uns von anderen und andere
vor uns schützt?

Für das kommende Treffen miete ich einen Kirchenraum.

Erst leise, dann immer voller hat es allen Spaß gemacht,
durch Brummen, Summen und Tönen ihre Stimmlagen
und Stimmöglichkeiten überhaupt erst einmal kennenzu-
lernen ohne zuhörendes Publikum. Entdeckungsfreude
wie in Kindertagen. Und in der Weise, wie wir immer intensiver durch die Körperräume hindurchtönen, vertieft sich
der Atem und setzt Spannungen frei, öffnet in lösende
Schwingung.

In der Kirche haben wir uns dann an verschiedenen
Orten aufgestellt, um uns zuzurufen, zueinander zu sprechen, weit entfernte Menschen mit unserer Stimme zu er-
reichen. Wir entdecken, daß es etwas völlig anderes ist,
ob ich für mich allein in einen Raum hineintöne oder zu
jemandem spreche, ihn anrufe, zu ihm, zu ihr hinüber-
rufe.

Die zielgerichtete Kraft der Stimme, der Stimme in Beziehung wird wach. Und die Menschen werden wach in
diesen kleinen Übungen. Das Hinübersingen und Rufen,
dann auch das Hinüberschreien zu einem bestimmten
Menschen, von dem sie gehört werden wollen, macht sie
selbst offen, gewärtig, setzt frei.

Ist dies das Geheimnis des schreienden Bartimäus? Ist es

dies, daß Jesus ihn immer mehr und immer lauter schreien läßt? Ist es ein Kraftzuwachs für ihn, eine Ermächtigung?

Wir wagen das Kyrie eleison, das: Erbarme dich meiner! Weit stehen die Menschen voneinander entfernt im großen Kirchenraum. Ich bitte sie, dieses »Erbarme dich« je in ihrer Weise zu erproben, so sie mögen, und dem Echo zuzuhören, das anschließend in ihnen entsteht und im Raum erklingt.

Und sie bringen es heraus, sie bringen sich heraus mit ihren Stimmen und Sätzen: Im Raum ist eine einzige, große, vielgestaltige und vielstimmige Bitte, Klage, Anfrage. Und in der folgenden Stille schwingen Entsetzen, Erstaunen, Erschrecken am Herausgerufenen wie am Gehörten.

Und Jesus stand still

Später erzählen sich die Menschen der Gruppe, daß sie nun viel eher verstehen, was es bedeutet, wenn der Text aussagt, daß Jesus still gestanden sei. »Er hat das Schreien gehört, er hat es in sich aufgenommen und hat durch die Stille dem Echo Raum gegeben.« »Im Echo hört sich Bartimäus selbst, und im Echo ist er wartend bei dem, von dem er gehört werden will.« »Er ist bei sich und ist schon heraus aus dem, wo er sitzt. Er ist in dem Schreien und im Echo schon bei Jesus.«

Die Stille als Antwort auf unseren Schrei, als Raum für unsere Verzweiflung, als Echo, in dem wir unseren Wunsch erkennen, unsere Bitte.

»Warum läßt er andere ihn rufen?« fragt einer. »Ich verstehe noch immer nicht, warum er nicht selbst zu Bartimäus hingegangen ist. Der kannte doch nun seine Lektion.«

Der Weg der eigenen Kreise

Wieder in unserem Gruppenraum, probieren wir die Szene, wie sie unserem Wunsch gemäß auszusehen hätte. Wir spielen also unseren Wunschtext, in dem Jesus nach den Schreien des Bartimäus zu ihm kommt.

Gewünscht, getan. Jeweils zu zweit erproben wir parallel im Raum diese Begegnung. Und stellen alle miteinander fest, daß diese Form des Entgegenkommens Jesu viel zu direkt, viel zu nahe ist. Dieses direkte Entgegenkommen würde die Kraft wegnehmen, die doch eben durch die Schreie entstanden war. »Ich bin eben mit meinem Schreien wie über mich selbst hinausgegangen, ich bin über meine Grenze gegangen. Was ich jetzt bräuchte, wäre, das auch noch zu tun, was meine Stimme bereits gemacht hat. Meiner inneren, nun geäußerten schreienden Stimme auch zu folgen. Sie hat den Weg vorbereitet. Ich muß nun losgehen, rausgehen, wirklich hinausgehen.« Ist das nicht schon die ganze Geschichte?

Wieder sehen

Die Menschen spielen die gesamte Szene: Ein Mann setzt sich als Bartimäus auf die Erde. Die anderen finden ihre Rollen. Bartimäus sitzt da, die Menschen gehen an ihm vorüber, auf und ab. Auch Jesus, Jüngerinnen und Jünger gehen an ihm vorüber, unterhalten sich, lachen, gehen weiter. Es ist sehr laut im Raum, da sich die wandernden Menschen Geschichten erzählen, klönen.

Da fängt Bartimäus an zu schreien: »Erbarme dich meiner!« Einige kommen zu ihm und sagen, er solle ruhig sein, er störe. Dann gehen sie weiter und unterhalten sich auf ihrem Spaziergang.

Bartimäus schreit wieder, lauter, immer lauter. Wieder andere zischen ihn an, er solle sich benehmen und sich nicht so unflätig verhalten. »Gassenjunge, Pack.« Bartimäus schreit.

Und Jesus, an einer weit entfernten Stelle im großen Raum, Jesus bleibt stehen. Er ist still und sagt zu seinen Jüngerinnen und Jüngern: »Ruft ihn!« Sie gehen zu ihm. »Steh auf, er ruft dich!«

Da steht der Mensch Bartimäus mit seinen geschlossenen Augen auf und geht fast schnurgerade quer durch den Raum zu Jesus, steht vor ihm, hebt die Hände, tastend. Jesus wendet sich ihm zu: »Was willst du?«

»Ich möchte wieder sehen.«

»Du hast deinen Weg gefunden«, sagt Jesus.

»Ich möchte wieder sehen.«

»Geh deinen Weg wieder zurück.«

Bartimäus dreht sich um, geht zurück und macht auf seinem Weg langsam die Augen auf.

Die Gruppe ist gespannt, vom ehemals blinden Bartimäus zu hören, wie der mit geschlossenen Augen so direkt den Weg zu Jesus gefunden habe. Der erzählt, daß er durch sein lautes Schreien ganz bei dem war, zu dem er kommen wollte. Und als die Boten gekommen seien, da habe er gewußt, daß sein Rufen angekommen war. »Ich wußte, daß Jesus wartet. Die Boten brachten mir diese Botschaft. Aber die Boten waren auch den Weg gegangen von Jesus zu mir. Sie kannten den Weg und machten mir deutlich, daß auch ich ihn gehen konnte. Meine Stimme hatte ihn erreicht, nun folgte ich dem Wissen der Boten. Es gab überhaupt keinen Zweifel für mich, wo Jesus steht. Die Boten hatten den Weg vorbereitet, indem sie ihn gegangen sind. Jesus wartet. Und meine Stimme. Erst als ich vor Jesus stand und der mich fragte, was ich wolle, als er mir sagte, daß ich meinen Weg kenne und meinen Weg gehen solle, zurückgehen solle, erst da wurde mir bewußt, was geschehen war. Meine Augen gingen auf, und mir ging auf, was ich schon wußte.«

Dies Spiel hat intensives Fragen in Gang gebracht: Wonach bettelt mein Innerstes? Wie kann ich warten, nicht passiv, sondern so, daß es mich in Gang bringt, ermutigt, selbst darauf zuzugehen? Wie kann ich mit diesem innersten Bitten so verbunden sein wie Bartimäus mit Jesus, so daß mich die Antwort, die schon im Raum ist – noch nicht hier, aber da –, in die richtige Richtung bringt?

Der Mantel

Irgendwann sagt eine Frau, daß ihr das jetzt wieder viel zu theoretisch und zu theologisch sei. Sie wolle sich lieber nochmals am Text orientieren, und zwar ganz direkt. Wir hätten nämlich übersehen oder überlesen, daß der Blinde aufspringt, seinen Mantel abwirft und erst dann mit dieser entschlossenen Kraft zu Jesus hingeht.

Was ist ein Mantel? Was ist unser Mantel? Was schützt und bewahrt uns, und was hält uns vielleicht auch zu fest umschlossen?

Manche meinen, diese Szene sei wie eine Häutung. Bartimäus sei an dieser Stelle mit einem Sprung herausgehüpft aus einem alten Gewand, aus seiner alten Haut. Er läßt sie hinter sich, er wirft sie ab. Und dieses Sich-Befreien ermöglicht sein Hingehen, seine intuitive richtige Richtung, die ihm dann bewußt wird.

Noch eine herausgehende Gebärde also. Die Gruppe legt sich imaginär einen Mantel um, jede und jeder für sich, und erlebt, was es heißen kann, den abzustreifen, den abzulegen, aus ihm herauszugehen, ihn wegzuwerfen, ihn hinter sich zu lassen. Manche hüpfen regelrecht heraus und quieken vor Freude. Freudensprünge.

»Wenn das hier so weitergeht«, sagt einer, »werden wir noch alle der heilige Martin.«

»Und alsbald sah er wieder und folgte ihm nach.«

Menschen wie Bäume – die Heilung eines Blinden

Sich dem Leben stellen heißt klarwerden

Phasen, Stufen, Entwicklungswege kennen die Heilungsgeschichten. Als ginge es gar nicht anders, als daß wir Schritt für Schritt, Schicht um Schicht langsam in diese Menschenmöglichkeit von Heilsein hineinreifen, unser bereits bestehendes Heilsein verwirklichen und weitergeben. Vielleicht wird bei keinen anderen Heilungsgeschichten dieses stufenweise Bewußt- und Heilwerden so deutlich wie bei den Geschichten der Blindenheilungen.

»Und sie kamen nach Bethsaida. Und man brachte ihm einen Blinden und bat ihn, daß er ihn anrühre. Und er nahm den Blinden bei der Hand und führte ihn vor das Dorf hinaus. Und nachdem er ihm in die Augen gespien und ihm die Hände daraufgelegt hatte, fragte er ihn: Siehst du etwas? Und er blickte auf und sagte: Ich sehe die Menschen, denn Wesen wie Bäume sehe ich umhergehen. Hierauf legte er ihm die Hände nochmals auf die Augen. Und er blickte scharf hin und wurde wiederhergestellt und sah alles deutlich.

Und er schickte ihn in sein Haus und sagte: Nicht einmal ins Dorf hinein sollst du gehen« (Mk 8,22–26).

Erste Eindrücke

Eine Gruppe von Frauen traf sich einige Abende, um diese Geschichte miteinander zu erleben und zu erarbeiten. Sie hatten sich die Geschichte selbst gewählt, denn fast alle meinten, eine Blindenheilungsgeschichte sei genau das richtige für sie. Sie hätten Lebensthemen, wo sie klarer sehen wollten, vieles schwimme so vor ihren Augen, Klarheit sei angesagt.

Als wir unterschiedliche Geschichten von Blindenheilungen im Neuen Testament zusammentragen, sind sie alle hellauf begeistert von dieser für viele neuen Erzählung. Sie freuen sich an den Bäumen. Immerhin ist der Frühling in Hamburg einen Monat früher als erwartet gekommen. Sie schwärmen vom Duft, von Knospen und ersten Blüten und erzählen sich, daß sie eine solche schöne Geschichte mit Bäumen und Menschen in der Bibel gar nicht erwartet hätten.

Andere berichten, daß Kelten und Germanen Bäume und Menschen immer schon in Zusammenhang gesehen haben, daß es ganze keltische Horoskope für Menschen und ihre Bäume gäbe, daß auch die Indianer Menschen mit Pflanzen und Bäumen heilend zusammenbringen. Immer mehr Wissen und Geschichten bringen sie herein. Eh wir's uns versehen, sind die Frauen in den Bäumen.

Ich weise auf den Text hin, frage die Frauen, ob da nicht noch anderes Interessantes drinstehe, und ernte Mißbilligung dafür, daß ich sie aus diesen schönen Bildern herausholen wolle.

Die Frauen erzählen sich, daß sie die Textstelle vom Spucken ausgesprochen eklig finden. Auf die Erde spukken, das würde ja noch gehen, aber in die Augen? Manche erzählen von ihren Kindern, und daß ihre Spucke, ihr Speichel häufig wirklich heilend gewirkt habe bei Stichen, kleinen Wunden und Warzen. Die Spucke hat's in sich. Aber sie sind sich alle einig, daß man diese Stelle auf keinen Fall

hier werde spielen können. Sie wollen niemanden anspuk-
ken, auch wenn es um heilenden Speichel gehe. Und außerdem könne das echt ins Auge gehen.

Die Augen zumachen dürfen

»Und sie kamen nach Bethsaida. Und man brachte ihm
einen Blinden und bat ihn, daß er ihn anrühre. Und er
nahm den Blinden bei der Hand und führte ihn vor das
Dorf hinaus.«

Wir nähern uns den Motiven des Anfangs in dem Wissen,
daß wir uns als Sehende der Erfahrung eines Blinden nur
annähern können.

Eine Frau schließt ihre Augen und sagt: »Ich möchte das
gern erleben, was es heißt, hingebracht und geführt zu werden.«

Einige führen sie zu Jesus. Die nimmt sie bei der Hand
und führt sie weg, geht sehr lang mit ihr allein. Die
»Blinde« behält ihre Augen geschlossen und sagt: »Das ist
wunderbar. Das ist eigentlich genau, was ich brauche. Weg-
geführt zu werden aus dem ganzen Rummel des Dorfes, der
Familie. Die Augen zumachen zu dürfen und eine gute
Hand zu fühlen, die mich führt. Ich möchte gar nicht die
Augen aufmachen. Ich bräuchte das eigentlich sehr, sehr
lange.«

Fast alle Frauen genießen es, als sonst sehr wache Frauen
auch mal die Augen zumachen zu dürfen. Die Augen
schließen zu dürfen und für sich sorgen zu lassen. Im be-
sten Sinne eine Frauen- und Muttergenesungsphase für die,
die sonst immer alles mit eigenen Augen sehen, die Augen
über allem wachen lassen, den Überblick behalten müssen.

Die Augen zumachen dürfen. Eine sagt: »Ich möchte
lange die Augen verschließen dürfen vor dem, was ich sonst
sehe. Das ist schon heilend genug.« Sie entdecken den
sonst fehlenden Pol, diese teilweise berufstätigen Haus-

frauen und Mütter, die bis hinein in die Organisation, an solchen Abenden überhaupt teilnehmen zu können, ganz schön scharfe Augen haben müssen.

Spucke und Hände

»Und nachdem er ihm in die Augen gespieen hatte und ihm die Hände daraufgelegt hatte . . . «

Wir besprechen gemeinsam, wie wir mit diesem Motiv der Geschichte in unserer Gruppe umgehen können. Gerade weil viel Abwehr gegen die Textstelle gekommen war, ist es wichtig, daß wir eine uns mögliche gemeinschaftliche Form finden, uns dem Motiv anzunähern. Anzunähern in der Weise, wie es für eine Gruppe möglich ist, ist genug, reicht aus, um einen Zugang zum Verstehen zu finden. Wir müssen nicht unbedingt durch Widerstände hindurch alles probieren und auch körperlich nachvollziehen, was der Text aussagt.

Die Frauen kommen auf die Idee, überhaupt erst einmal die eigene Spucke auf die Finger zu nehmen und sich selbst auf die Augenlider zu streichen. Diese kleine Behandlung erleben sie als wohltuend, als kühlend. Eine meint, das sei für sie noch schöner als nur die Augen zu schließen; das sei jetzt wie Zuspruch, Erlaubnis, noch weiter nach innen zu schauen und sich zuzulassen.

Nicht alle in der Gruppe sind von ihrem Speichel begeistert, manche finden die kleine Aktion eher überflüssig, hätten lieber frisches Wasser auf den Lidern. Aber es ist deutlich, daß hier etwas geschieht, was sie zu sich selbst bringt.

Meint ihr, daß wir uns das gegenseitig schenken können?

Die Augen gehen auf. »Es ist so ein sensibles Organ, dies Augenlid; es würde viel Zutrauen brauchen, dies von einer sich geben zu lassen.« Die anderen stimmen zu. Haben wir hier dies Vertrauen zueinander? Spucke? Vielleicht doch eher Wasser? »Muß der damals in der Geschichte ein Vertrauen gehabt haben«, sagt eine, »der hatte doch Jesus nie gesehen...«

Wir finden eine gemeinsame Gestalt. Je zwei Frauen wählen einander, lernen sich etwas kennen. Nach einiger Zeit schließt eine von den beiden die Augen. Die andere stellt sich zur Verfügung, ihre Augenlider zu benetzen. Beide haben sich vorher besprochen, ob dies mit Spucke oder Wasser geschehen soll.

An dieses schließt sich an, daß die behandelnde Frau der anderen ihre Handinnenflächen vorsichtig über die Augen legt. Sie sind sehr achtsam, sie nehmen sich Zeit, sie reden nur mit den Händen.

Alle erzählen später, wie wohltuend diese kleine Übung für sie gewesen sei. Wie eine Augen- und Seelenmassage, die Kühle des Speichels oder des Wassers. Und viele wissen zu berichten, daß eben diese Kühle, dies Flüssige sie innerlich wie auf einen Punkt brachte, wie zentrierte. Als wäre hier plötzlich durch die äußere Berührung ein Inneres aufgegangen. Und die warmen Hände waren dann Zartheit, Trost, Besänftigung, freundliche Einstrahlung.

Berührungen

Sie sind physisch und seelisch berührt worden, und das ist für viele fremd in einem doch eher öffentlichen Rahmen. Wir kennen die Tradition, daß wir uns sprachlich miteinander befassen und daß uns manches dann auch geistig-seelisch anrührt. Aber die ganz körperliche Berührung mit hinzuzunehmen – das ist befremdend neu für manche. Viel Achtsamkeit und Behutsamkeit brauchen wir für dieses neue Land, das gerade auch als Neuland plötzliche Einsichten öffnet.

In Gruppen, wo Frauen und Männer gemeinsam arbeiten, gestalte ich diese Übung noch viel vorsichtiger – wenn überhaupt. Haben sie sich einmal in diese Gesten hineingegeben, entsteht eine Intimität, die auch mit später offenen Augen verantwortet sein will. Und wer nach dieser kleinen berührenden Übung langsam die Augen öffnet, sieht ihr Gegenüber, sieht die Behandelnde und nimmt sie wahr.

Der Mensch als Baum

In unserer Geschichte heißt es nun aber nicht, daß er Jesus gesehen hatte, als er gefragt wurde: »Siehst du etwas?«, sondern da heißt es: »Er blickte auf und sagte: ›Ich sehe die Menschen, denn Wesen wie Bäume sehe ich umhergehen.‹« Wir sind also bei dem Motiv gelandet, uns wie Bäume zu sehen und wie Bäume umherzugehen.

Ich bitte die Frauen, sich mal so hinzustellen, wie sie als Baum dastehen würden. Eine Standfläche suchen, die der Breite, den Räumen meines Stammes entspricht. Imaginieren, daß man sich wirklich verwurzelt. Sich vorstellen, wie tief die Wurzeln gehen, wie dick sie sind, wie verzweigt sie sind unter meinen Sohlen, wie weit sie reichen, wie alt sie sind, in welcher Erde sie stehen. Von der Verwurzelung, der Erdung, aus zu erleben: Wie ist mein Baumstamm? Welche Rinde? Wo fängt mein Baum an, sich nach oben hin zu verzweigen? Wie?

Die Frauen erleben ihren eigenen Baum, indem sie auch ihre Arme und Hände bewegen, als das Thema der Zweige kommt. »Mich kriegt hier keiner mehr weg, ich bin so verwurzelt, daß ich den Eindruck habe, ich komme hier überhaupt nicht mehr weg.« Eine andere sagt, sie würde jetzt wirklich Standfestigkeit erleben und ein wirkliches Stehvermögen, indem sie in dieses Bild hineingegangen sei. »Wenn ich stehe, bin ich normalerweise immer wacklig, jetzt bin ich ganz fest.« »Unten bin ich fest verwurzelt, nach oben hin bin ich beweglich.« »In der Weise, wie ich verwur-

112

zelt bin, bin ich nach oben beweglich, verzweigt.« »Ich habe sehr viele Zweige«, sagt eine, »wenn ich mir vorstelle, daß die keine Wurzeln hätten, würde ich abbrechen.« Eine sagt: »Ich erlebe, daß ich viel zu verzweigt bin und daß meine Krone immer noch viel zu schwer ist für den Stamm und auch für die Wurzeln.«

Ich bitte die Frauen, dieses Bild, das sie von sich selbst gewonnen haben, aufzuzeichnen. Es gibt genügend weiße Blätter und Farbstifte. Die Frauen bringen nun das zum Ausdruck, was ihr Eindruck war, zeichnen ein Bild ihres inneren Baumes. Ich wähle diese Methode, damit wir uns später auch mit unserem Bild und unserem Eindruck auseinandersetzen können.

Frauen wie Bäume – Bäume wie Frauen

Draußen wird es langsam dunkel. Wie ich die Frauen ihren Baum zeichnen sehe und an die Geschichte des Blinden denke, dem es langsam dämmert, fällt mir eine Gestaltungsmöglichkeit ein, die dies Halbdunkel, dies Dämmerlicht geradezu braucht.

Wir sitzen mit unseren fertiggestellten Bildern im Kreis. Wer mag, hält sich das eigene Bild vors Gesicht, und wir anderen erraten und deuten, was alles in diesem Bild drinstecken mag. Nur die, die heute dazu bereit ist, möge sich dem aussetzen. Die Frauen sehen in den Bildern Feen, Visionen, Göttinnen, Vorhersagen, zukünftige Themen, alte Verletzungen.

Sie sitzen da wie alte, weise und gleichzeitig junge Frauen, die sich im Dämmerlicht wahrsagerisch das Leben deuten. Und wie sie reden und in ihren schwungvollen Phantasien kreisen, habe ich plötzlich den Eindruck, daß ich mit dieser Gestaltung nun doch eine Horoskop-Baum-Frau-Runde initiiert habe, eine Runde, die ich nie wollte, die aber plötzlich entsteht.

113

Es dämmert, es dämmert.

Nach dieser Runde bitte ich die Frauen, die Wahrnehmungen, die sie je der anderen gegeben haben, als eben eigene Wahrnehmung, Einbildung wie Einsicht ganz zu sich zurückzunehmen. Es waren doch je unsere eigenen Bilder; und durch diese Zurücknahme schützen wir die jeweilige Frau, der wir unsere Sicht zugemutet haben. Wir legen unsere Baumblätter direkt vor uns auf die Erde und lassen das eigene Bild noch einmal auf uns wirken.

Ich lade die Frauen ein, ihrem eigenen Bild einen Namen zu geben, lenke sie bewußt in die eigene Ansicht. Ihre Baum-Namen sind plötzlich eigene Lebensweisungen.

»... daß ich dir werd' ein guter Baum«

»Ich sehe Menschen«, sagt der ehemals Blinde in unserem Text, »denn Wesen wie Bäume sehe ich umhergehen.« Hierauf legte er ihm die Hände nochmals auf die Augen; und er blickte scharf hin und wurde wiederhergestellt und sah alles deutlich.

Die Frauen wollen diesen Folgetext nicht. Sie sagen, das sei doch gut jetzt, alles sei im Fluß, es blühe, dem Geist sei Raum gegeben, die Baum-Bilder seien fruchtbringend und verwurzelnd, der Saft steige auf und nieder, das reiche.

Was will denn der Text noch mehr vom Menschen als das? Eine Frau sagt: »Das ist wahrscheinlich mal wieder der patriarchale Zugriff! Bislang sind wir nämlich voll im Matriarchat! In der Naturreligion der Großen Göttinnen, die sich selbstverständlich auch mit den Pflanzen und Bäumen verglichen haben, von ihnen gelernt und im Einklang mit diesen Bäumen zusammen der Natur gedient haben. Dann kam ein Schnitt, und der Mensch meinte, er sei mehr als die Natur und mehr als ein Baum und eben noch etwas anderes, besseres, und hat sich gegenübergestellt. Und was ist aus unseren Bäumen geworden? Die sterben jetzt! Sie sind kaputtgemacht worden, weil wir uns mit ihnen nicht mehr vergleichen! Weil wir uns in ihnen nicht mehr erkennen, weil wir sie nicht mehr sehen, weil wir nicht mehr die Verwandten dieser Bäume sind, sondern meinen, wir Menschen seien etwas Besonderes. Ganz scharf und deutlich! Scharf und deutlich haben wir uns abgegrenzt von der Natur!«

Andere stimmen ihr zu. Wieder andere meinen, auch in biblischen Geschichten sei viel die Rede von Pflanzen und Bäumen, vom Sich-Wiedererkennen und Sorgen, Hüten. Da brauche frau gar nicht das ewige Matriarchat zu beschwören, das sei durchaus auch in den Texten unserer eigenen Kultur und Religion. »Mach in mir deinem Geiste Raum, daß ich dir werd' ein guter Baum ...«, das alte Lied von Paul Gerhardt fällt ihr ein.

Eine andere Frau erinnert an die Geschichte vom Feigenbaum, die im Zusammenhang mit der verkrümmten Frau steht. Selbst Texte von Paulus werden zitiert, wo er verdeutlicht, wir mögen in der Liebe eingewurzelt sein. Überall und immer wieder Baum-Pflanzen-Bilder für uns Menschen.

Die Frauen sind ganz aufgeregt, überschlagen sich bald mit ihren Einfällen. Was ist denn plötzlich los? Retten wir hier die Bäume? Unsere eigene Natur? Oder überschlagen wir uns, um der kommenden Textstelle auszuweichen? »Nichts da«, sagt eine, »wir weichen nicht aus, wir holen das Vergessene und Verlorene wieder zu uns; wir holen es herauf, machen es uns bewußt. Wir brauchen doch diese Rettungsaktion für unser Inneres genauso, wie wir draußen uns für die Bäume einsetzen müssen.«

Sehen wir nicht bereits scharf hin?

Mit unseren Auseinandersetzungen und Klärungen sind wir mitten in die Phase der Geschichte hineingekommen, in der der Mensch deutlich wird.

Genau hinsehen, scharf hinblicken und klarwerden. Es ist ein aggressives Geschehen, das die vorher gewonnenen Bilder in den Hintergrund treten läßt.

Die Frauen meinen, eben das sei es doch, warum sie gern die Augen zugemacht hätten: Sie würden den Anblick der Realität kaum ertragen. Sie sind zornig, daß wir nach dieser langen, für sie wunderbaren Arbeit an den Baumbildern und der Annäherung an das Wesen Mensch wie Baum nun doch wieder in Kritik, in Auseinandersetzung, in Konfrontation mit der kaputten Wirklichkeit hineingekommen sind. »Und er blickte scharf hin.« Wie, so fragen wir uns, können wir das innere Bild, den wirklichen Traum bewahren, wenn wir die Zerstörungen ansehen?

Eine meint: »Nur weil wir diese Bilder wieder in uns entdecken, können wir doch überhaupt erst die Wirklichkeit wahrnehmen, ihr begegnen. Wenn ich von innen her mein Bild weiß und ihm Wirklichkeit zuspreche, dann frißt mich das Außen nicht auf, sondern ich kann ihm begegnen, kann auch einsehen, wo ich laut und öffentlich sein will.«

Scharf hinsehen bringt Schmerzen; klar sehen und klarwerden holt aus dem nur schönen inneren Bild heraus. Doch wenn wir dies innere Bild aktiv zu uns nehmen, heraufholen, kann es uns ermächtigen, genau hinzublicken.

Wir entdecken, daß das genaue Hinsehen einen Entschluß braucht. Es ist ein bewußter Wille: klar sehen wollen, hinschauen wollen, einsehen und hindurchschauen wollen.

Eine meint, manchmal sei es aber doch gerade so, daß man auch ohne Wollen plötzlich in aller Schärfe klar sieht.

»Und das erschreckt tief innen, weil man plötzlich weiß.«

116

Die Hochzeit zu Kana

Gehen lassen heißt weitergeben

»*Und am dritten Tage war eine Hochzeit zu Kana in Galiläa, und die Mutter Jesu war dort.*

Aber auch Jesus wurde zur Hochzeit eingeladen und seine Jünger. Und als der Wein ausgegangen war, sagt die Mutter Jesu zu ihm: Sie haben keinen Wein. Jesus sagt zu ihr: Frau, was habe ich mit dir zu schaffen? Meine Stunde ist noch nicht gekommen. Seine Mutter sagt zu den Dienern: Was er euch sagt, das tut.

Es waren aber gemäß dem Reinigungsgebrauch der Juden sechs steinerne Wasserkrüge dort aufgestellt, die je zwei oder drei Bath faßten, 120 Liter. Jesus sagt zu den Dienern: Füllet die Krüge mit Wasser. Und sie füllten sie bis oben. Er sagt zu ihnen: Schöpfet jetzt und bringet es dem Speisemeister. Und sie brachten es.

Als aber der Speisemeister das Wasser, das Wein geworden war, gekostet hatte und nicht wußte, woher es war, die Diener jedoch, die das Wasser geschöpft hatten, die wußten es, ruft der Speisemeister den Bräutigam und sagt zu ihm: Jedermann setzt zuerst den guten Wein vor, und wenn sie trunken geworden sind, den geringeren. Du hast den guten Wein bis jetzt aufgespart.

Dies tat Jesus als Anfang der Zeichen zu Kana in Galiläa und offenbarte seine Herrlichkeit, und seine Jünger glaubten an ihn« *(Joh 2,1–11).*

Die Gruppe

Religionslehrerinnen und -lehrer hatten sich ein Bibliodrama zur Hochzeit zu Kana gewünscht. Eine Woche haben sie sich dafür Zeit genommen. Wir treffen uns in einem geeigneten Tagungshaus, lernen uns kennen, erzählen uns davon, was uns derzeit bewegt. Viele sind ausgelaugt von den Anforderungen in der Schule, von persönlichen Belastungen, politisch schwierigen Themen. Dennoch sind alle durch Müdigkeiten und Schmerzen hindurch eher freudig auf die Woche eingestimmt, auf die schulfreie Zeit und die Geschichte, in der sie die Szene zwischen Mutter und Sohn am meisten interessiert.

Lange wenden wir uns der gesamten Komposition des Textes zu, tauschen Eindrücke aus, finden Fragen und Motive, deren Entwicklung wir über die Tage hinweg entdecken wollen. Dann gehen wir Schritt für Schritt in die Anleitungen der Geschichte hinein.

Die Hochzeit

»Am dritten Tag war eine Hochzeit.«

Was hat der dritte Tag mit der Hochzeit zu tun? fragen sich die Menschen. Verbinden, vereinigen geschieht bei einer Hochzeit; Inneres wird veröffentlicht. Zwei kommen mit ihren Verwandten zusammen und verbinden sich zu einem Neuen. Ist es dies Neue, dies Entscheidende, das mit dem dritten Tag gemeint ist?

Manche in der Gruppe rätseln interessiert und erinnern sich dabei an eigene Geschichte. Andere sind unwirsch und bemängeln, daß die Braut im Text überhaupt nicht erwähnt wird.

Maria

»Am dritten Tag war eine Hochzeit zu Kana in Galiläa, und die Mutter Jesu war da.«

Auf diesem Fest des sich verbindenden Neuen ist die Mutter Jesu anwesend. Noch bevor Jesus erwähnt wird, ist sie da.

Was wissen wir von Maria? Welches Bild haben wir von ihr? Langsam findet sich die Gruppe in die Gestalt der Maria hinein. Wir gehen in unser eigenes Bild von ihr und fragen uns, was es für sie bedeutet haben mag, zu dieser Hochzeit zu gehen.

»Eigentlich«, sagt eine, »eigentlich war ich noch nie auf einer Hochzeit. Ich selbst hatte ja keine.« »Schade, daß Josef tot ist«, meint ein anderer, »ich wäre gern mit ihm hier.« Die Menschen phantasieren als Maria, wie ihre Beziehung zu Josef gewesen ist. Doch bald schon erzählen sie sich von Jesus, dem Sohn, der aufs Fest kommen wird.

»Meine Kinder sollten eigentlich auch mal heiraten«, sagt eine. »Ja, wieso heiratet Jesus nicht? Der ist ewig mit seinen Freunden und Freundinnen auf Wanderschaft, wieso heiratet der nicht?«

»Das ist nichts für ihn«, sagt eine andere, »der ist doch dafür gar nicht geschaffen.« »Wieso weißt du das? Ich finde, Jesus könnte sich ruhig mit einer Frau verbinden, das würde ihm guttun.«

Nicht mehr Maria, sondern die Mutter Jesu ist im Raum, eine sehr widersprüchliche Mutter Jesu. Ich greife das Motiv auf und sage: »Du, als Mutter Jesu, wie siehst du deinen Sohn?«

Das innere Wissen

»Eigentlich ist er genug herumgewandert und könnte mal ansässig werden«, meint eine. »Nein, ich finde es wunderbar, wie er sich entwickelt«, sagt ein anderer, »langsam kommt er so richtig aus sich heraus und wird erwachsen.« »Es wird auch Zeit, daß er in die Öffentlichkeit kommt und den Oberen und Hierarchien mal Bescheid gibt.« »Nein, ganz andere Kräfte sehe ich in ihm. Er hat die heilende Kraft. Alles ist schon entwickelt, es ist nur noch nicht nach außen gegangen. Dazu ist er noch nicht bereit.« »Warum eigentlich nicht? Wie lange will er noch warten? Er müßte doch längst tun, was er kann.«

Die Frauen und Männer erzählen sich in der Gestalt der Mutter Jesu, was sie bereits wissen, was sie vorhersehen. Sie ahnen es nicht, sie wissen es, daß er heilen und lehren wird. Sie wissen seine Kräfte und wissen sie von Mutterleib an.

Nach einiger Zeit gehen wir aus der Identifikation mit Maria heraus und werden wieder ganz unser eigener Name. Was ist uns wichtig geworden?

Die Menschen reden noch nicht. Zu intensiv hatten sie sich in die Rolle eingelassen, um gleich aus ihr heraus zu können. Durch die Fragen nach ihrem Sohn waren sie in Fragen an ihr Inneres hineingekommen. Was hatten sie da gesagt? Von wem hatten sie gesprochen? Von welchen Kräften hatten sie gewußt, von welchen wissen sie?

Durch die Identifikation mit der Gestalt der Mutter Jesu waren sie an ihr eigenes Inneres gekommen, das sich in ihnen bewegt und sich weiß. Ich frage die Menschen, ob sie Zeit für sich selbst brauchen, um dem nachzusinnen, was ihnen eben geschehen ist, um sich bewußter und klarzuwerden.

Sie gehen spazieren, bleiben allein oder unterhalten sich. Sie bewegt keine beliebige Frage. Und das Sich-zurückziehen-Dürfen ist wie ein Schutzmantel der Maria.

Nach einer Stunde kommen sie zurück und sind sich einig, daß sie nichts weiter von sich veröffentlichen wollen. Es habe sie erschreckt, was sie so spontan intuitiv in sich selbst klar wüßten. Es habe sie zwar dem prophetischen

120

Geist der Maria nähergebracht, aber dieses innere Wissen brauche, noch bewahrt zu bleiben. Also keine Veröffentlichung.

Sind wir schon mittendrin in der Geschichte der Stunde, die noch nicht da ist?

Innen und außen

»Am dritten Tage war eine Hochzeit, und die Mutter Jesu war dort. Aber auch Jesus war eingeladen und seine Jünger.«

Die Gruppe entdeckt, daß der hier auftretende Jesus nicht dem Bild entspricht, das sie als Mutter Jesu von ihm hatten und haben. Was bedeutet das? Sie sagen, daß der hier erscheinende Jesus noch ein ganz anderer sei: ein heiterer junger Mann, der draußen im Freien mit seinen Freundinnen und Freunden weile und für den die Einladung zur Hochzeit nichts Besonderes darstelle.

Sie wollen die Szene spielen.

Begegnung

Eine Hochzeitsgesellschaft findet sich, darunter die Mutter Jesu. Ein Bote spricht mit jemandem, geht dann hinüber zur Gruppe, in der sich Jesus aufhält. »Ihr seid zur Hochzeit eingeladen.« Manche der Jünger wollen nicht, andere wollen sich noch schmücken. Irgendwann setzt sich die Gruppe in Bewegung und wandert in Richtung der Hochzeitsgesellschaft. Jesus im Kreis seiner Jüngerinnen und Jünger.

Maria sitzt im Kreis anderer. Man merkt ihr an, daß sie voller Erwartung ist.

Jesus kommt in den Raum, wird von einigen begrüßt. Da sagt einer aus der Hochzeitsgruppe wie nebenbei: »Ich bin der alte Wein.« Er setzt sich unter einen Stuhl. Jesus geht weiter in die Gesellschaft hinein. Die Mutter blickt auf, er sieht sie nicht, ist bei seinen Freunden und Gästen. Maria wendet ihren Blick nicht von ihm. Da sieht er sie. »Hallo«, sagt er, winkt, geht aber nicht hin. Sie erhebt sich, geht auf ihn zu. »Endlich bist du da, ich hab mich schon so gefreut. Komm doch, setz dich hier zu uns.«

Jesus blickt zu seinen Freunden. Die haben sich inzwischen unter die Hochzeitsgäste gemischt. Er steht allein da, dreht sich wieder um.

Da steht seine Mutter. »Es ist so schön, daß du jetzt hier bist. Komm, erzähl doch, was gewesen ist. Ich bin so begierig, endlich zu hören, was du alles erlebt hast.« Er steht da, zuckt die Schultern, wendet sich wieder ab. Die anderen sind munter und gut aufgehoben in der Hochzeitsgruppe. Die Mutter sieht ihn an, er guckt weg. Derjenige, der als alter Wein unter dem Stuhl hockt, macht sich immer kleiner, verkriecht sich, geht weg.

»Das geht nicht«, sagt Maria und sieht mich an.

Abbruch

Ich bitte die Menschen, wieder aus ihren Rollen herauszugehen, sich auszuschütteln, wieder ihr ganz eigener Name zu werden. Die Frau, die Maria, die Mutter Jesu, gespielt hatte, ist eine Frau Anfang fünfzig. Sie sagt: »Wißt ihr, das ist genau das, was bei mir zu Hause passiert. Mein Sohn ist zwanzig. Ich freue mich immer, wenn er kommt, und möchte so gern viel von ihm hören, möchte Anteil nehmen an seinem Leben. Und dann kommt er und erzählt mir nichts. Und hier war es nun genauso!«

Der Mann, der Jesus gespielt hatte, erzählt, daß er froh ist, daß dieses Spiel endlich abgebrochen worden sei. »Ich hätte das nicht länger durchgehalten, ehrlich gesagt. Es ging mir so gut mit meinen Freunden, es ging mir riesig gut.

Aber mit einem Mal sind die weg, und ich stehe meiner Mutter gegenüber und kann ganz genau merken, die will wieder was von mir, und ich will das nicht mehr. Ich bin ja auch längst weggegangen von zu Hause, weil ich das alles nicht mehr will. Aber sie will immer noch alles hören und alles wissen. Dabei ging es mir so gut mit meinen Kumpeln. Mit einem Mal sind sie weg, und ich steh hier allein.«

Die Hochzeitsgäste erzählen, daß sie von all dem nichts mitbekommen hätten. Es ging ihnen prächtig, sie haben sich wunderbar unterhalten, neue Menschen kennengelernt. Auch die Jüngerinnen und Jünger sind ganz beglückt. Es war ihnen gar nicht aufgefallen, daß Jesus nicht mehr dabei war.

Und was ist mit diesem alten Wein unter dem Stuhl? »Ja«, sagt er, »ich habe mich verzogen. Mich hat ja keiner gebraucht. Die Gäste wollten mich nicht, die Jünger nicht. Keiner kam, keiner hat mich angezapft. Da bin ich gegangen. Ich gehe weg, wenn ich nicht gebraucht werde.«

Der ausgehende Wein

Was sind das für Schmerzen, wenn man nicht mehr gebraucht wird? Der alte Wein, die Mutter, Jesus, alle drei fühlen sich allein gelassen, nicht gebraucht von denen, die sie jeweils brauchen würden. Viele von uns in der Gruppe kennen diese Schmerzen nur zu gut aus eigenen Lebensgeschichten. Wir sind uns vertraut genug, davon zu erzählen.

Themen der Älteren, die an die baldige Pensionierung denken. Themen der Väter und Mütter im Gegenüber zu erwachsenen oder heranwachsenden Kindern. Themen in Beziehungen, wo einer geht und der andere zurückbleibt. Lange erzählen sich die Menschen von Lebenssituationen, die sie an diese Spielszene erinnern.

Was bedeutet dies Erleben für das Verstehen unserer Geschichte? Hochzeit heißt auch Schmerzen.

»Als wir gestern das Motiv entdeckt haben«, sagt eine, »da ist uns nur das verbindende Neue eingefallen. Aber jetzt wird mir klar: Hochzeit heißt auch Abschied. Da geht etwas aus, es geht weg. Die Mütter verabschieden sich von ihren Töchtern und Söhnen, die Väter verabschieden sich. Das Alte ist vorbei. Ist das nicht der alte Wein, der ausgeht? Er wird nicht mehr gebraucht.«

»Aber das ist schlimm, nicht mehr gebraucht zu werden«, sagt der, der den alten Wein gespielt hatte, »ich sehe es rational ja ein, daß ich gehen muß, aber was nun?«

»Vielleicht«, sagt eine, »vielleicht brauchen wir Rituale für dieses Abschiednehmen, damit es nicht ausfließt oder sich nur davonstiehlt. Eigentlich bräuchten wir in unseren Ritualen für Trauungen und Hochzeiten auch ein Abschiedsritual, wo die Eltern und alle, die Abschied nehmen von einer bisherigen Lebensphase, gewürdigt werden. Dann bräuchten die Mütter nicht mehr stellvertretend Tränen zu vergießen, die Väter würden nicht wie im klassischen Patriarchat die Tochter dem nächsten Mann überreichen, sondern wir würden Abschied nehmen. Der Lebensabschnitt könnte deutlich werden, Abstand, Distanz hätte Raum. Wir brauchen ein Ritual, wo deutlich wird, daß etwas ausgeht und ausgehen muß, um nicht vergiftet und beleidigt zurückzubleiben.«

Einige aus der Gruppe meinen, daß wir ein solches Ritual nicht nur während einer Trauung bräuchten.

Mutter und Sohn

Die Gruppe entdeckt im Text, daß vielleicht auch Jesus als Sohn seine Mutter verabschiedet. Er nennt sie »Frau«, als er sich von ihr abgrenzt. Er verabschiedet sich, um in sein ganz eigenes Leben gehen zu können.

»Geht doch nicht«, sagt der, der im Spiel seine Jesusgestalt kennengelernt hatte, »das ist doch illusorische Theorie, was ihr da sagt. Ich war im Kreis meiner Freunde und Freundinnen. Ich brauche sie, und die lassen mich stehen; ich will doch gar nicht allein heroisch ins Leben gehen.«

Plötzlich allein stehen.

Die Gruppe phantasiert, daß eben dies die Geschichte des Anfangs sei, in der das erste Zeichen Jesu geschehe. In ein Erstes wird er eingesetzt. Getrennt von seiner bisherigen Familie und seinen Jüngern wird er ein einzelner, der nun den Mut aufbringen muß, seine eigene Begabung zu entfalten.

»Wo soll ich denn die Kraft dafür hernehmen?« sagt der, der den Jesus der Szene gespielt hatte. »Ein Zeichen setzen? Könnte ich nie.«

Ti emoi kai soi

»Und als der Wein ausgegangen war, sagt die Mutter Jesu zu ihm: ›Sie haben keinen Wein.‹ Jesus sagt zu ihr: ›Frau, was habe ich mit dir zu schaffen, meine Stunde ist noch nicht gekommen.‹«

Einige aus der Gruppe freuen sich an den verschiedenen Worten, die Jesus in unterschiedlichen Textübersetzungen zu seiner Mutter gesagt haben soll. »Was geht es dich an?« »Was habe ich mit dir zu schaffen?« »Das ist alleine meine Angelegenheit.« Und die Gruppe findet immer neue Sprachmöglichkeiten für die Abgrenzung hinzu. Sie ist also Thema.

Im Griechischen jedoch steht nur ganz schlicht da:

ti (was) emoi (mir) kai (und) soi (dir)? Wir erproben den Wortlaut. Wir stellen uns je zu zweit gegenüber und sagen uns die Worte, die uns entstehen aus dem: ti emoi kai soi. »Was ist zwischen dir und mir?« »Was passiert zwischen dir und mir?« »Was ist meins und was ist deins?« »Was ist mir und dir?« Ja, was nun?

Wenn sich zwei gegenüberstehen und sich diese Sätze

sagen, dann entdecken sie, daß wirklich etwas zwischen ihnen ist, daß etwas zwischen ihnen läuft, hin- und herfließt, sich abspielt. Eine Kraft ist zwischen beiden, die Kraft der Beziehung. »Aber«, meint eine, »dann trennt sich doch Jesus gar nicht nur. Dann erlebt er erst einmal Beziehung zwischen seiner Mutter und sich. Und aus der trennt er sich mit seiner Stunde, dem Wissen seiner eigenen Zeit.«

»Kannste mal sehen«, sagt eine andere, »daß man sich am schwersten trennt, wenn lange nichts mehr gelaufen ist.«

»Aber hier läuft was«, sagt eine andere, »hier läuft sogar sehr viel, wenn sie ihm sagt: ›Sie haben keinen Wein.‹ Sie überträgt ihm nämlich an dieser Stelle ihr Wissen. Es ist ja nicht irgendein Satz in dieser Situation und dieser Beziehung. Sie sagt ihm hier, was sie schon lange weiß und vielleicht von Mutterleib an in sich trägt. ›Sie haben keinen Wein‹ – das heißt doch hier: Junge, sieh hin, jetzt bist du dran. Deine Aufgabe steht vor dir, deine Stunde ist da, sie selbständig zu ergreifen und das zu tun, was du vermagst. Fang an.«

»Du meinst«, sagt eine andere, »daß dieser Satz: ›Sie haben keinen Wein‹ ihn in seine Bestimmung einsetzt? Ja, dann wäre dies wie eine Initiation. Sie überträgt ihm ihr Wissen.«

»Geht doch gar nicht«, meint wieder eine andere. »Ermächtigung und Initiation hat doch damit zu tun, daß der eine in die Kraft eingesetzt wird, die vorher beim anderen war. Meint ihr, daß Maria die Kraft gehabt hatte, Wasser in Wein zu verwandeln?«

»Aber darum geht es doch gar nicht. Wichtig ist doch, daß sie das Wissen hatte, daß er es kann, das Wissen, wer er ist und sein wird. Und dieses ausgesprochene Wissen, das ist die Ermächtigung.«

»Aber«, meint ein anderer, »wenn sie es wirklich weiß, wer er ist, dann überträgt sie ihm Kraft.«

Initiation

Für manche in der Gruppe tauchen nun noch ganz andere Bilder auf. Sie erinnern sich an Gestalten und Geschichten anderer Religionen, auch an unserer Religion zugrunde liegende Motive.

Die Initiation ist im Raum, und das uralte Bild der Göttin, die ihren Sohn inthronisiert, ihn zum König und Herrscher erhebt und die ihm ihre Kraft und ihr Wissen überträgt. Eigenmächtig möge er nun handeln, sie selbst zieht sich zurück.

Die Gruppe hört den Geschichten interessiert zu. Manche sind mit ihnen vertraut, anderen sind sie fremd. Wieder andere ärgern sich am Mythos und finden, daß diese Geschichte anders sei. Wir sollten Maria nicht zur Göttin machen und ihr intuitives Wissen nicht in den Himmel heben. Sie finden, daß wir die Textstelle überinterpretieren und daß sich hier Maria keinesfalls wie die ermächtigende Göttin zurückziehe. »Das«, meint eine, »wäre wenigstens noch gut, wenn sie begreifen würde, als wissende oder sogar allwissende Mutter endlich von der Bühne abzutreten. Aber nein, sie bleibt und kann ihn nicht lassen. Sie hält weiter ihre Reden, und nun zu den Dienern.«

Der, der die Jesusgestalt im Spiel erlebt hatte, meint: »Sie mußte es machen. Die Diener hätten mir doch gar nicht gehorcht, die hätten mich doch gar nicht wahrgenommen. Wie hier wäre es gewesen, ihr hört mir doch auch nicht zu.«

»Was er euch sagt, das tut«

Einige aus der Gruppe schlagen vor, daß wir den Satz der Maria doch einmal ausprobieren mögen; auf diese Weise würden wir vielleicht am ehesten dahinterkommen, was hier gemeint sei.

Ich sehe den an, der die Jesusgestalt gespielt hatte und

der hier in der Gruppe um seine Identität, sein Ernstgenommenwerden kämpft. Spielt sich die Rolle durch ihn weiter? Ist es seine eigene Persönlichkeit, die sich hier mit der Geschichte trifft? Übergeht ihn der Gruppenvorschlag? Fördert er? Ich frage ihn. Er ist durchaus einverstanden, den Text zu erproben. Also, was er euch sagt, das tut.

Die einen probieren den Satz, sagen ihn anderen, die als Dienerinnen und Diener zuhören. »Könntet ihr bitte das tun, was er euch später sagen wird.« »Seid bitte so gut und macht das, was er euch sagen wird.« »Vielleicht könntet ihr das dann tun, was er euch sagen wird, bitte.«

Sie lachen, als sie entdecken, daß keine und keiner sich fähig fühlt, den klaren und einfachen Satz des Textes zu den Dienenden zu sprechen. Und die spiegeln zurück, daß sie diese eigenartigen Anordnungen garantiert nicht befolgen würden. »Maria hatte eben doch eine andere Macht als wir«, meint eine, »hier bei uns, das ist doch keine Vollmacht.«

Was ist mit dem Satz los, daß wir ihn nicht direkt sagen mögen, was ist mit uns selbst los?

Die Gruppe besteht aus Lehrerinnen und Lehrern, die gewohnt sind, Anleitungen und Anweisungen zu geben. Sie erzählen, daß sie diese in ihren Klassen aber immer eher höflich in Bitten kleiden. Keinesfalls wollen sie Gefahr laufen, autoritär zu sein, ins Befehlen hineinzukommen.

Scheu und mutig probieren sie in kleinen Gruppen, den Satz der Maria so auszusprechen, wie er dasteht. Sie entdecken durch ihr Üben, daß ihr Satz keinesfalls ein Befehl alter preußischer Schule ist, sondern eine Ermutigung beinhaltet. Die Anweisung »Was er euch sagt, das tut« öffnet einen Raum in Kommendes hinein. Sie ist mit diesem Kommenden identifiziert, mit dem größeren Ganzen, dem weiten neuen Feld, das entstehen wird. In der Anweisung will Maria nichts für sich, will nichts für sich selbst zurückgewinnen, sondern setzt ein, bereitet vor.

Die Gruppe entdeckt, daß Maria nach dieser Szene, in der sie den Sohn wie die Dienenden eingesetzt hat, zurücktritt. Nie mehr erscheint sie im Johannesevangelium als Einweisende oder Anweisende. Sie bereitet hier vor, initiiert und tritt dann zurück. Am Ende unserer Geschichte wird sie als die benannt, die nun mit ihm geht.

Krugmenschen

Inzwischen ist auch für unsere Gruppe der dritte Tag gekommen. Wir wenden uns den Krügen und den Dienenden zu, gehen in unsere Bilder der Krüge leibhaftig hinein.

Wie steht ein Krug?

Erden, gründen, Fundament finden, Standfläche. Der Erde so verbunden sein, daß man lange da stehen kann. Stehen wie ein Krug, die eigene Form erspüren, die Öffnung.

Durch das Bild des Kruges erleben die Menschen ihre inneren Räume und weiten sich in den Raum, der unsichtbar um uns herum ist. Alle erleben, daß ihre Krugform weiter, tiefer und breiter ist als ihre Körperhautform. Das Krugbild ermöglicht, daß wir die Energien, die wie Leibeshüllen, Gewänder, Schichten um uns herum immer da sind, nun als reale Räume wahrnehmen.

»Es standen dort gemäß dem Reinigungsbrauch der Juden sechs Krüge, die jeweils 120 Liter faßten.« Schon die Textstelle erlaubt eine auffallende Breite und Tiefe.

Die Hälfte der Gruppe wird zu Dienenden, die anderen bleiben Krüge. Jeweils ein dienender Mensch geht zu seinem Krug, überprüft ihn, wie er steht und ob noch alles an ihm stimmt. Es setzt Erlaubnis voraus, die Füße eines Krugmenschen zu berühren und ihn vor allem in seinem Energieraum zu erfahren. Die Form ist unsichtbar, aber spürbar.

Wasser zu Wein

»Füllet die Krüge mit Wasser! Und sie füllten sie bis oben.«
Die Dienenden gehen pantomimisch zu einer Quelle,
einem Brunnen, schöpfen daraus imaginär Wasser, tragen
dies zu ihrem Krug und füllen es ein. Mit den Händen
gehen sie die Krugform entlang, so als würden sie erleben,
bis wohin das Wasser jetzt gestiegen ist. Sie gehen wieder,
füllen hinein. Man kann förmlich sehen, wie es in die
nächste Stufe der Füllung herunterrieselt. Sie gehen und
schöpfen, kommen und füllen, gehen und füllen.

»Ich platze!« sagt ein Krug. Und die anderen Krugmenschen stimmen ihm grinsend zu.

»Und sie füllten bis oben. Da sagt Jesus: Schöpfet jetzt
und bringet es dem Speisemeister.«

Die Dienenden schöpfen imaginär aus der Öffnung des
Kruges, nehmen es in ihre Hände, gehen damit zum Speisemeister, der seine Hand öffnet, füllen ihm das Geschöpfte
ein. Er nimmt es zu sich, und sie gehen wieder zurück zu
ihrem Krug, schöpfen wieder, kommen, bringen; ein langer,
konzentrierter, reger Fluß in der Gruppe. Von allen Seiten
bekommt der Speisemeister »Wasser« in die Hände, das
durch die Hände der Dienenden geflossen ist. Irgendwann
wehrt er ab und meint, es sei nun wirklich genug.

»Was hast du denn bekommen?« frage ich ihn. »Viel
zuviel«, sagt er, »es prickelt und ist warm, mehr verkrafte
ich heute nicht.« »War das denn Wein?« »Na klar«, meint
der. Na klar? »Wie heißt dein Wein?« »Sprudelnde
Wärme.« Wo aber ist das Wasser zu Wein geworden?

Dienen

Die Menschen erzählen sich, was sie beim Schöpfen, Füllen, Bringen erlebt haben. Die Dienenden sind davon überzeugt, daß sie Wasser in ihre Krüge gefüllt haben. Die

»Krüge« aber sagen, daß sie gar nicht nur Wasser bekommen hätten, sondern Prickeln wie Quecksilber, lustvolle, lebendige Energie.

Die jeweilige Stimmung und der Schwung der Dienenden waren mit in ihre Krüge hineingeflossen und haben sie erfüllt. »Wasser ist nie nur Wasser«, meint ein Krugmensch, »es ist mit einer bestimmten Lebendigkeit gefüllt. Und die, die ich bekam, sprudelte in mir weiter.« Daraus nun wiederum hatten die Dienenden geschöpft, um es dem Speisemeister zu bringen, eine weitere Stufe der Verwandlung. Und auch bei ihm ging es weiter im Aufnehmen, Schmekken, auch im Benennen des Weins. Wo also ist der Ort, an dem die Umwandlung in Wein geschehen ist?

»Die Umwandlung geschieht bei den Dienerinnen und Dienern. Das gibt mir ein neues Verständnis von Dienen, das überrascht mich.« »Die Umwandlung geschieht aber doch im Krug«, sagen andere. »Das Schöpfen war es. Die Dienenden sind die Schöpfer, und das ist das Zeichen Jesu, daß er uns hier zu Mitschöpfern macht. Das ist die Wandlung. Wir als Dienende werden zu Mitschöpfern eingesetzt und bringen die Verwandlung dem Speisemeister.« »Aber ich habe geschmeckt, ich habe benannt«, sagt der.

Die Gruppe sprudelt, streitet, überschlägt und freut sich. Wie in einem Wettspiel debattieren sie die Verwandlung und machen sich gleichzeitig über ihre eigene Begeisterung lustig. »Wie Betrunkene verhalten wir uns hier«, meint eine. Voll des guten Weines – voll des Geistes? Die Gruppe findet meine Bemerkung »voll daneben«.

Alle sind überzeugt, daß das Wasser zu Wein geworden ist – außer mir. Denn ich hatte nicht mitgemacht, ich hatte weder gefüllt noch geschöpft, weder gebracht noch gekostet. Ich war draußen.

»Als der Speisemeister das Wasser gekostet hatte, das Wein geworden war, und nicht wußte, woher es war – die Diener aber, die geschöpft hatten, die wußten es –, da sagt der Speisemeister zum Bräutigam: Jedermann setzt den guten Wein zuerst vor, und wenn sie trunken sind, den geringeren. Du hast den guten bis jetzt aufgespart. Dieses war das erste Zeichen, der Anfang der Zeichen von Jesus. Und er offenbarte seine Herrlichkeit, und die Jünger glaubten an ihn.«

»Die Jünger«, sagt einer zu mir, »waren wie du, die haben nichts getan und waren nur dabei. Die lernen vielleicht glauben. Die es getan haben, die aber wissen es.«

Die Braut

Aber wenn Jesus nun der neue Bräutigam ist, wo ist dann die Braut? Sie wird im Text überhaupt nicht erwähnt.

Wir befinden uns in unserer Schlußrunde. Die einen meinen, das sei doch nun wohl klargeworden, daß es die Maria sei. Andere sagen, es seien die Jünger. Wieder andere sind davon überzeugt, daß es die Dienerinnen und Diener geworden sind. »Sag bloß, der Speisemeister sei nun die Braut.« Wir müssen lachen, weil wir uns schon wieder mit unseren Ideen überschlagen und mit unseren jeweiligen Erfahrungen.

Dann wird uns deutlich, daß dies das Zeichen des neuen Bräutigams ist, daß er die Dienenden zur Braut macht und auch die Krüge, auch den Speisemeister. Die Kraft, weiterzugeben, ist die Brautkraft. Sie initiiert Gemeinschaft, indem sie das eine Tun in das nächste Handeln hineinfließen läßt.

Füllet, schöpfet, bringet, schmecket – die eigene Aufgabe so wahrzunehmen und zu ergreifen, daß sie in die nächste übergehen kann, das ergibt die Wandlung und formt das Ganze in Gemeinschaft hinein.

»Aber dann ist doch klar, daß Maria die Braut ist«, sagt eine, »sie hat das ganze fließende, ineinander übergehende Spiel doch initiiert.« »Na wenn schon«, meint ein anderer, »dann hat es bei Gabriel begonnen, als er ihr das Wissen eingab. Und der ist auch wieder nur ein Bote eines anderen.«

»Hört auf«, ruft eine, »ihr schwebt ja noch in den Himmel ab, wenn das hier so weitergeht. Wir haben es doch nun glatt selbst in die Hand bekommen. Die Braut sind wir.«

Maria spiel ich, aber Jesus?

Eine der wesentlichen Methoden im Bibliodrama ist der Weg der Identifikation.

Wir erarbeiten die Gestalt einer Geschichte, indem wir uns erzählen, was wir von ihr wissen; uns in einem zweiten Schritt unsere Phantasien gegenseitig erzählen und uns anschließend in die Situation der Geschichte hineinbegeben. Indem wir uns mit Leib und Seele in unser Bild von dieser Gestalt hineinstellen, entdecken wir den Anteil von ihr, für den wir derzeit offen sind. Wir erfahren, welche Aussage mit uns in lebendiger Verbindung steht, und verstehen Teile unserer Person durch dieses Bild.

So entdecken wir über das Bild der Maria Bereiche unseres Mensch- und Frauseins, unsere Beauftragung, unser Wissen und geben dies alles als lebendige Erfahrung zum Verstehen der ganzen Gestalt der Maria weiter. Wenn nun sechzehn Menschen ihre Maria entdecken, nähern wir uns miteinander viel eher der Wirklichkeit der Maria an, als es nur eine oder ein einzelner vermag.

Diese Methode der Identifikation nimmt ernst, daß wir in Bildern leben, in Vorstellungen und Einstellungen denken, fühlen, handeln. Indem wir uns unseres Bildes bewußt werden, erfahren wir uns als lebendigen Teil einer größeren Wirklichkeit, geben dies mitteilend in die Gruppe hinein und können unsere eigene Wahrnehmung für andere, auch neue Möglichkeiten öffnen.

Diese Methode stößt manchmal auf Bedenken und

Widerstand, wenn wir uns der Gestalt Jesu nähern. Manche erleben sich dann in dem Dilemma, daß sie einesteils nicht anders können als in Bildern zu erfahren und zum anderen ein Gebot gelernt haben, sich von Gott kein Bild machen zu sollen.

Wenn Menschen hier stehenbleiben und nicht in die Gestalt Jesu hineingehen wollen, respektiere ich das. Gleichzeitig ermutige ich aber zu diesem Weg, denn wir spielen nie *den Jesus*, wir nähern uns ihm an und entdecken im Spiel unser eigenes Bild. Indem es uns bewußt wird, kann es sich in andere Bilder hineinöffnen und vielleicht eines Tages in eine Begegnung kommen, die bildfrei sein wird.

Wesentlicher aber als die unmittelbare Rollengestalt des Jesus ist, daß wir durch die gesamte Geschichte in die Kräfte hineinkommen, die durch Jesus auf die Erde gekommen sind. Es sind die geistigen, göttlichen Kräfte, die durch ihn initiiert worden sind und die nun durch uns hindurch wach und wirksam werden wollen.

Wie bei den Dienenden und den Krügen, dem Speisemeister und den Jüngerinnen und Jüngern gehen sie immer weiter, zeigen sie ihre umwandelnde Kraft im gemeinsamen, weitergebenden Handeln. Sie entstehen und begegnen uns wie in den Geschichten an oft völlig unerwarteten Stellen und überraschen. Wir können sie Gott sei Dank nicht machen; wir bereiten vor, öffnen uns, stellen uns zur Verfügung.

Wir begegnen. Sie geschehen.

Geschichten der Heilung

Nachwort

Heilende Vorbilder

Wir sind Menschen einer atemlosen Gesellschaft, die ständig mit viel zu vielen Anfragen und Themen des persönlichen wie sozialen Lebens umgehen und körperlich, seelisch entsprechend belastet sind. Überfordert sind wir oft; überlastet auch vom Wahrnehmen maßloser politischer Konflikte und der eigenen Ratlosigkeit, wie wir ihnen begegnen können. Überwach ist unser Bewußtsein an erschreckenden Nachrichten und am Erkennen, wie wir bis in unser Inneres hinein in unheilvolle Geschichten verwoben sind.

Wir wissen, daß unsere Geschichte Heilung braucht und daß wir unsere eigenen heilenden Kräfte brauchen, um den Problemen um uns und in uns begegnen zu können.

»Sie haben keinen Wein«, sagt Maria auf der Hochzeit zu Kana. Der alte Wein ist ausgegangen, das Alte geht aus, und auch wir sind leer. Wir haben keinen Wein. Wir brauchen Heilungsgeschichten. Lebendige Vorbilder, die uns in unseren Fragen fördern; Leitbilder, die Heilungen für möglich halten und uns in unsere eigenen heilenden Möglichkeiten hineinholen; Geschichten, die uns in einen lebendigen Geist hineinformen und uns für die Wahrnehmung heilenden und heiligen Geistes öffnen.

Wir brauchen Heilungsgeschichten, neuen Wein für die vielen persönlichen und politischen, kranken Geschichten unserer Zeit.

Heilende Leitworte

»Was er euch sagt, das tut«, sagt Maria zu den Dienerinnen und Dienern. Heilend sind die alten Geschichten der Bibel, wenn wir uns in sie hineinbegeben, uns mit ihnen auseinandersetzen und uns bemühen, sie von innen her zu verstehen. Die menschheitlichen Themen darin geben uns Raum für unsere heutigen Grundfragen. Als gelebte Geschichten verbinden sie uns mit vielen Generationen und fordern uns in jetzige zeitgeschichtliche Antworten und Verantwortung. Es braucht Zeit, Gemeinschaft, Offenheit und Hingabe, daß die durch die Texte angesprochenen Kräfte und Themen wirksam werden können und sich in uns selbst zu lebendigen Kräften, Bildern und Leitworten verdichten.

Das ist die Arbeit des Bibliodramas.

Verbinden ist heilend

In den Heilungsgeschichten erkenne ich grundlegende Krankheiten unserer Gesellschaft. Wir kommen aus einer langen Kulturgeschichte, die unsere Seele und unseren Geist vom Körper trennte und unsere eigene Natur wie die draußen mißachtete.

»Füllet die Krüge mit Wasser!« Durch ihre Grundbewegungen fördern die Heilungsgeschichten, das verlorengegangene oder noch schlafende Wissen unseres Körpers aufzuwecken und es mit dem Geist unserer Seele zu verbinden. Dieser Weg braucht Behutsamkeit und Zeit. Schritt für Schritt mittelt er unser Körperwissen mit unserem Verstand, so daß sich die lange getrennten Bewußtseinswege des Spürens und Denkens im Herzen verbinden und in die Wahrnehmung des Göttlich-Geistigen hinein öffnen.

Die Kraft für dieses verbindende Erarbeiten entsteht aus den Rhythmen zwischen Ausdruck und Eindruck, Auseinandersetzung und Geschehenlassen, Innewerden wie Herausspielen, Gespräch und Stille.

Wenn du nach außen willst, laß dich nach innen; wenn du nach innen strebst, spann deinen Bogen.

Zusammen wirken ist heilend

»Füllet die Krüge mit Wasser«, sagt Jesus zu den Dienenden. Und sie füllten sie bis oben. »Schöpfet jetzt und bringet es . . .«

Bibliodrama nimmt bis in die Methoden hinein ernst, daß jede und jeder von uns am Ganzen beteiligt ist, Teil nimmt, Teil gibt und für das Zusammenwirken gebraucht wird. Du bist wer, du bist wichtig, du bist begabt und richtig. Es ist heilende Wertschätzung, in die wir durch die Geschichten neu hineingeformt werden; eine Achtung, die uns in unserer bemessenden Leistungskultur oft fehlt.

»Als aber der Speisemeister das Wasser, das Wein geworden war, gekostet hatte und nicht wußte, woher es war; die Diener aber, die das Wasser geschöpft hatten, die wußten es . . .« Die Geschichte von der Hochzeit erzählt von der sich immer weitergebenden Bewegung, in der Verwandlung geschieht. Dem Ganzen verbunden nehme ich teil, werde mir des Teiles bewußt, der ich bin, teile mit, beeinflusse, gebe ein und erfahre das über mich hinausgehende gleichzeitige Geschehen zusammenwirkender Kräfte, die miteinander in heilendes Spiel kommen.

Das ist die Grundbewegung jedes Bibliodramas. Sie formt unseren Mut, auch im Alltag heilend dazusein und einzuwirken. Und sie stärkt unsere Hoffnung in einen lebendigen Widerstandsgeist hinein, daß wir nicht nur in unheilvolle, sondern auch in heilende Geschichte verwoben sind.

Begegnung mit biblischen Geschichten.

Mit dem Bibliodrama wird eine alte christliche Tradition, die des Mysterienspiels, neu belebt. Tiefenpsychologische, dramatische und körpertherapeutische Ansätze sowie Selbsterfahrung werden hier zu einer neuen Einheit verbunden und führen zu intensiver religiöser Erfahrung. Der Band vereinigt Darstellungen der Bibliodrama-Praxis von verschiedenen Ansätzen her und Reflexionen über das Verhältnis zwischen Bibliodrama und Exegese sowie Bibliodrama und Seelsorge.

Antje Kiehn/Samuel Laeuchli
Heidemarie Langer/Gerhard Marcel Martin
Ruth Passauer/Tim Schramm
Yorick Spiegel/Wolfgang Teichert
Bibliodrama
158 Seiten, kartoniert

Gespräche mit Jona.

Die Autorinnen finden sich selbst wieder unter den Frauen der Stadt Ninive, dessen Volk entgegen der Prophezeiung Jonas durch Gottes Barmherzigkeit gerettet wird. Jona ist jedoch zornig darüber. An dieser Stelle entzündet sich die Auseinandersetzung der Frauen mit dem Propheten: Reflexionen über sein Gottesbild, über die Ähnlichkeit Ninives mit der Gegenwart und meditative Texte von Heidemarie Langer, die die Tiefendimension der Begegnung zwischen Jona und Ninive ausloten.

Heidemarie Langer/Herta Leistner
Elisabeth Moltmann-Wendel/Annemarie Schönherr
Wir Frauen in Ninive
Gespräche mit Jona
125 Seiten, kartoniert

KREUZ: Bücher zum Leben.

Frauen bewegen die Kirche.

Der Auszug aus ägyptischer Sklaverei durch das Schilfmeer in die Wüste, zentrales Motiv des jüdischen und christlichen Glaubens, wird in diesem Buch unmittelbar bezogen auf die Lebenswirklichkeit der modernen Frau, die aus überlieferten Rollenzwängen einen Ausweg sucht, dann aber nicht direkt in das »gelobte Land« kommt, sondern einen langen und schweren Weg der Verunsicherung und Einsamkeit durchzustehen hat. Nicht Mose allein war es, der am Gelingen des Auszugs beteiligt war, sondern auch seine Schwester Mirjam.

Heidemarie Langer/Herta Leistner
Elisabeth Moltmann-Wendel
Mit Mirjam durch das Schilfmeer
Frauen bewegen die Kirche
92 Seiten, kartoniert

Das Menschheitsdrama im mythischen Spiel:

Der Autor läßt den Leser teilnehmen an einem ungewöhnlichen Forschungsseminar. Die Teilnehmer sind nicht objektive Beobachter des Themas Krankheit und Destruktivität, sondern identifizieren sich im Spiel mit mythischen Gestalten wie Jeremia, Kassandra oder Judas. Sie ergründen auf diese Weise ihr eigenes Leiden, ihre Krankheit, ihre Lieblosigkeit, Hilflosigkeit und Bosheit. Der Weg zu echter anstelle oberflächlicher Gesundung steht ihnen offen.

Samuel Laeuchli
Die Bühne des Unheils
Das Menschheitsdrama im mythischen Spiel
238 Seiten, kartoniert

KREUZ: Bücher zum Leben